edition theophanie

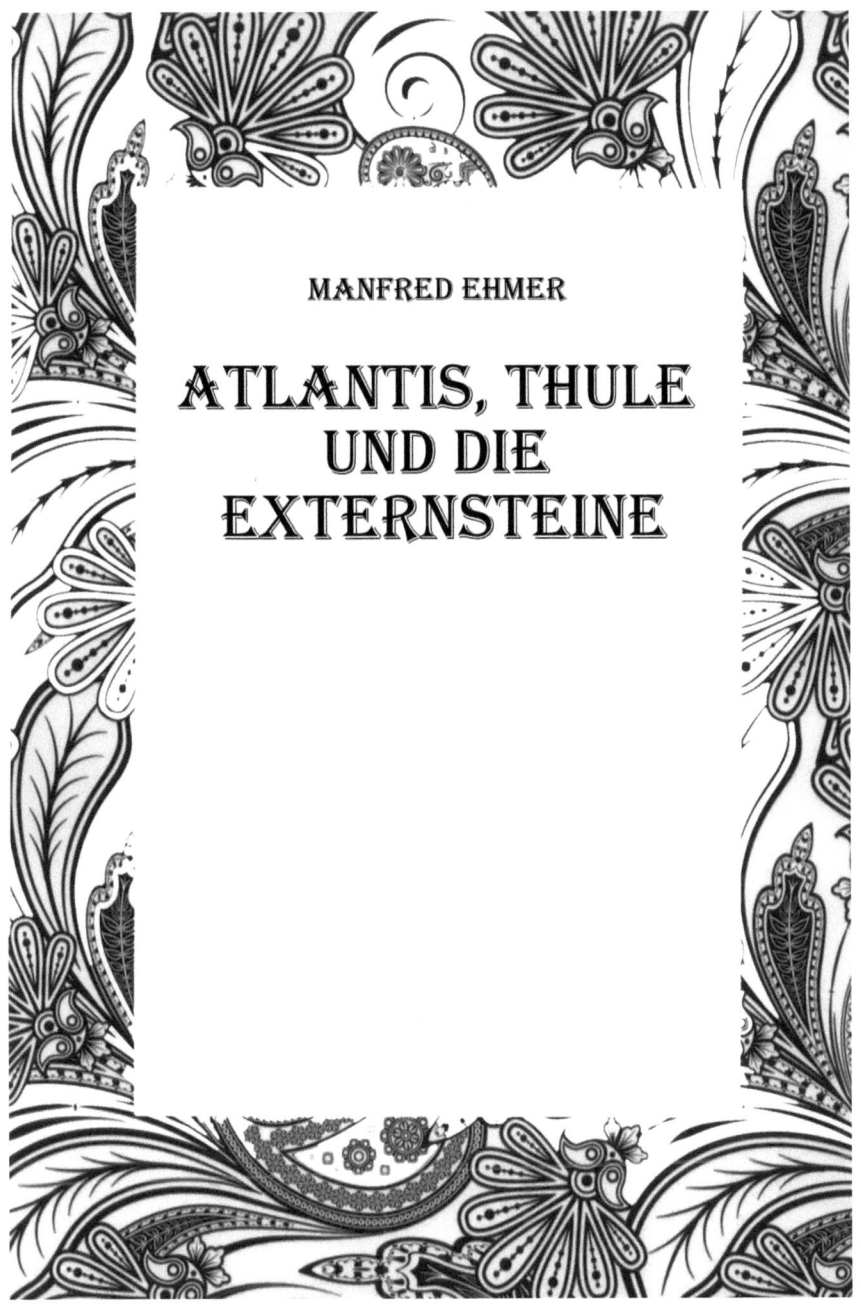

MANFRED EHMER

ATLANTIS, THULE UND DIE EXTERNSTEINE

Atlantis, Thule und die Externsteine
Copyright © 2019 Manfred Ehmer
Umschlag, Illustration: Manfred Ehmer
Titelbild: Foto des Autors

Verlag und Druck: tredition GmbH,
Halenreie 40-44, 22359 Hamburg
Ein Buch in der Reihe *edition theophanie*

ISBN: 978-3-7497-7998-7 (Paperback)
ISBN: 978-3-7497-7999-4 (Hardcover)
ISBN: 978-3-7497-8000-6 (e-Book)

Bibliografische Information der Deutschen Nationalbibliothek: Die Deutsche Nationalbibliothek verzeichnet diese Publikation in der Deutschen Nationalbibliografie; detaillierte bibliografische Daten sind im Internet über http://dnb.d-nb.de abrufbar.

Besuchen Sie den Autor auf seiner Homepage:
www.manfred-ehmer.net

Inhaltsverzeichnis

Die Externsteine

Eine uralte Mysterienstätte

Die berühmten *Externsteine* mit ihren Grotten, Großskulpturen und Reliefbildern, malerisch auf einem Gebirgszug im Teutoburger Wald bei Horn-Bad Meinberg unweit Detmold gelegen, waren nicht bloß ein altgermanisches Kultheiligtum, sondern vielmehr ein Einweihungsort bronzezeitlichen, neolithischen, ja atlantischen oder gar hyperboerischen Ursprungs – Mitteleuropas älteste Mysterienstätte. Sie lag und liegt auf einem geomantisch bedeutenden Ort im Mittelpunkt sternförmig sich überschneidender Wanderwege, die aus verschiedenen Richtungen kommend Nord und Süd, West und Ost miteinander verbanden – ein großes Kraftlinien-Dreieck, das sich von Island (Thule) bis zu den Kanarischen Inseln (Reste des ehemaligen Atlantis) und von dort zu den Pyramiden von Gizeh aufspannt. Und im Mittelpunkt dieses wahrhaft magischen Dreieckes befinden sich die Externsteine. Dass diese eine Bedeutung für das gesamte vorgeschichtliche Europa gehabt haben müssen, leuchtet unmittelbar ein.

Die Externsteine waren ebensowenig ein germanisches Heiligtum, wie man etwa *Stonehenge* in England als ein keltisch-druidisches Heiligtum bezeichnen kann. Vielmehr haben die Germanen und Kelten ihre heiligen Orte von weitaus älteren Völkern übernommen und sich somit als die

Erben einer bis in die älteste Dämmerzeit der Urgeschichte zurückreichenden Tradition erwiesen. Und diese Tradition kann man als die *hyperboreische* bezeichnen. Die Hyperboeer, die "jenseits des Nordwindes Wohnenden" waren jenes vorgeschichtliche Urvolk aus dem hohen Norden, das den späteren Indogermanen Form und Gestalt verlieh – die älteste europide Menschenrasse auf dieser Erde, der Typus des *Cromagnon*-Menschen (vor 40.000 Jahren). Sie wohnten auf einem längst vereisten Großkontinent im Gebiet des heutigen Grönland. Aber auch für die späteren Germanen waren die Externsteine als Kultstätte von größter Bedeutung. Am Zusammenstoß der Marken von sechs germanischen Stämmen gelegen, waren sie ein gemeinsames Heiligtum mehrerer Völkerschaften, auf symbolträchtigste Weise mit der germanischen, deutschen und abendländischen Kulturgeschichte verbunden.

Die Externsteine! Hier war es, wo der germanische Cheruskerfürst *Arminius* ("Hermann"), der Bezwinger der Römer, seine erste große Einweihung erhielt; wo einst die weise Seherin *Veleda* residierte und zum Volk sprach; wo sich – aller Wahrscheinlichkeit nach – auf einem der obersten Gipfel der Felsgruppe die *Irminsul* erhob, die stilisierte Weltensäule, ein aus Thule und Atlantis stammendes Symbol für die "Allsäule, die alles stützt". Und zuletzt der Feldzug des Frankenkönigs Karl (genannt "der Große") gegen die heidnischen Sachsen, der mit der Zerstörung der Irminsul endete – er war, nicht anders als der des Römers Varus, in Wahrheit ein Feldzug gegen die Externsteine, Mitteleuropas älteste Mysterienstätte. Ihre Umwandlung in eine christliche Pilgerstätte erfolgte bald. Hier sehen wir, dass hinter allen politischen Konflikten auf mitteleuropäischem Boden eigentlich geistige Weltkämpfe ausgefochten wurden: die Franken hatten die Nachfolge der Römer angetreten, und ihr eigentlicher Kampf galt jener aus dem hohen Norden stammenden geistigen Urreligion, die sich den immergrünen Weltenbaum – die *Irminsul* – zum Symbol ausersehen hatte.

Selbst noch im 20. Jahrhundert wurde ein "Kampf um die Externsteine" ausgefochten, freilich nun nicht mehr mit Waffengewalt, sondern mit dem Mittel der wissenschaftlichen Forschung und Argumentation. Während des Dritten Reiches, in den Jahren 1934 bis 1935, wurden an den Externsteinen unter Leitung von Professor Julius Andree Grabungen unternommen, die beweisen sollten, dass es sich hierbei wirklich um eine alt-

germanische Kultstätte handelte. Dies hatte schon 1929 Wilhelm Teudt in seinem Buch *Germanische Heiligtümer* nachzuweisen versucht. Auf der anderen Seite steht der Paderborner Professor für Theologie Alois Fuchs, der – veranlasst durch die Grabungen Andrees – die Existenz einer vorgeschichtlichen, gar germanischen Weihestätte entschieden in Abrede stellte. Seine These war die, dass die in den Externsteinen vorhandenen Kultgrotten erst im 12. Jahrhundert entstanden und eine Nachbildung der Heilig-Grab-Kirche in Jerusalem darstellen sollen. Der Kampf Roms gegen das Mysterium der Externsteine ist also noch nicht beendet.

Externsteine mit dem Lustschloss, Kupferstich von Elias van Lennep, 1663.

Naturkunstwerk Externsteine

Wenn man von Osten kommend den Fußweg vom großräumigen Parkplatz an der Waldschenke vorbei beschreitet, wird man nach 333 Metern Wegstrecke linker Hand eine eindrucksvolle Front von 13 grauen Steinriesen von 20 bis 38 Metern Höhe aus dem dicht bewaldeten Bergrücken aufragen sehen. Für den Geologen sind sie nichts anderes als ein gewaltiges *Naturkunstwerk* – durch Ablagerung, Wind, Wetter und Erosion seit der unteren Kreidezeit geschaffen. Die Externsteine bestehen aus einer Sandsteinschicht, dem sogenannten Osningsandstein, einer Meeresablagerung die in einem schmalen südwestlichen Golf eines ehemaligen nordwesteuropäischen Flachmeeres vor 135 bis 100 Millionen Jahren abgelagert wurde. Die Sedimentzufuhr erfolgte im Westen vornehmlich aus dem Münsterländer Festland, damals noch dem Hochgebiet der Rheinischen Masse angegliedert, der heutigen Münsterländischen Bucht. Im Zuge der Gebirgsbildung des Teutoburger Waldes vor etwa 70 Millionen Jahren wurde der ursprünglich flach lagernde Unterkreide-Sandstein im Bereich der Gebirgskette an den Externsteinen durch eine gewaltige Eruption senkrecht aufgepresst.

Ein gewaltiges Naturschauspiel muss das Auftürmen der Extern-Sandsteine gewesen sein! Der heute von Osten kommende Besucher des Steinmonuments blickt zunächst auf die Unterseite der Sandsteinschichten, also auf die ältesten zur Ablagerung gekommenen Sande, während die nach Westen gerichteten Oberflächen der Felstürme die geologisch jüngsten Sedimente darstellen. Die tektonische Beanspruchung in der Zeit während und nach der Gebirgsbildung prägte die gesamte Felsformation der Externsteine mit ihrem bis heute charakteristischen Muster von Brüchen, Rillen und Klüften, schälte auch die einzelnen Felstürme heraus, wo die senkrechten Spalten aufrissen und sich vertieften. An den Bruchstellen der Klüfte konnte die Erosion besonders wirkungsvoll platzgreifen, und die Sandsteinkanten wurden an einigen Stellen so gerundet, dass der Eindruck von mehreren übereinandergeschichteten Steinkugeln entsteht. Der imaginativen Phantasie erscheint es wie künstlich aufgehäuft, wie Spielfiguren urzeitlicher Riesen, die diese aus Spaß oder zum Zeitvertreib irgendwann geschaffen haben.

Aber die endgültige Freilegung der Externsteine in ihrer heutigen Form geht auf das Flüsschen *Wiembeke* zurück, das irgendwann in der Eiszeit von Westen her kommend die Sandsteinkette mit Urgewalt durchbrach und dabei einige Steinfiguren in besonders charakteristischer Form herausmeißelte. Die im Lauf von Jahrtausenden einsetzende Verwitterung der Steine, hohe Niederschläge und Spaltenfrost arbeiteten ständig an der Oberfläche der Felsen und veränderten die Klüfte, die das Gesteinsmassiv in verschiedenen Richtungen durchziehen. Die Wiembeke aber, die in Jahrtausenden ihr Flussbett durch diese einmalige Sandsteinkette gewaschen hat, wurde nach dem Zweiten Weltkrieg zu einem kleinen Teich aufgestaut, der sich jetzt unmittelbar am Ende der Felskette befindet. Bereits im Jahre 1836 wurde an dieser Stelle ein erster Teich angelegt, der aber im Zusammenhang mit den umfangreichen Ausgrabungsarbeiten von 1934 abgelassen werden musste. Später wurde er aber, aus ästhetischen und landschaftsarchitektonischen Gründen, wiederhergestellt.

Die Naturschönheit der Externsteine, im Verlauf von Jahrtausenden von den Elementargewalten der Natur herausgemeißelt, wirkt ergreifend; sie trägt etwas Heroisches und zugleich Tragisches an sich, wie die Musik von Edvard Grieg. Man denkt beim Anblick der Steine an die *Morgenstimmung* aus dem Peer-Gynt-Zyklus und denkt an frühere, längst ver-

gangene Schöpfungstage zurück. Mythen werden hier lebendig, ja stehen wie zu Stein erstarrt vor uns, und die Trennlinie zwischen Naturkunstwerk und menschlicher Schöpfung verschwindet. "Ihre ausgezeichnete Merkwürdigkeit erregte von den frühesten Zeiten Ehrfurcht" schrieb Johann Wolfgang von Goethe (1749–1832) über die Externsteine, und er fährt fort: *"Sie mochten dem heidnischen Gottesdienst gewidmet sein und wurden sodann dem christlichen geweiht."*[1] Und es scheint, dass der Klassiker mit dieser eher instinktiven Einschätzung viel Intuition bewiesen hat. Schon auf einem Kupferstich aus dem Jahre 1750 werden die Felsen mit der Orakelstätte der berühmten germanischen Seherin *Veleda* gleichgesetzt. Später meinte man, die Steine seien wohl einem alten *"deutschen Lichtdienst"*[2] geweiht gewesen – das heißt mit anderen Worten: einem Sonnenkult.

Sind die Externsteine also wirklich *nur* ein Naturkunstwerk? Es besteht heute kein Zweifel mehr darüber, dass unsere Vorfahren vor unvordenklicher Zeit dieses Naturdenkmal mit schaffender Hand in ein Kulturdenkmal umgewandelt haben. Doch sie taten dies so im Einklang mit den vorgefundenen Naturformen, dass Art und Umfang des menschlichen Eingriffs oft schwer kenntlich bleiben. Die Kombination von Sandsteinschichtung, Klüftungen und Verwitterungsformen hat an einigen Stellen Strukturen geschaffen, die von Menschenhand geschaffener Formgebung sehr ähneln. Kanten und Bruchflächen, durch Frostsprengung entstanden, lassen facettierte Oberflächen entstehen, die wie menschliche Bearbeitungsspuren aussehen können. Doch sind Spuren menschlicher Bearbeitung wirklich vorhanden. Dazu gehören die – ohne allen Zweifel künstlich angelegten – Kultgrotten in den beiden vorderen Felsen, die Rednerkanzel, der Steinsarg, das *"Kreuzabnahmerelief"* aus der Zeit der Christianisierung und nicht zuletzt die zahlreichen reliefartigen Tier- und Menschendarstellungen an den Felswänden, von denen man nie so recht wusste, ob sie "durch Zufall" entstanden sind oder ob es sich hier um uralte paläolithische Großskulpturen handelt.

Osning – der heilige Asenwald

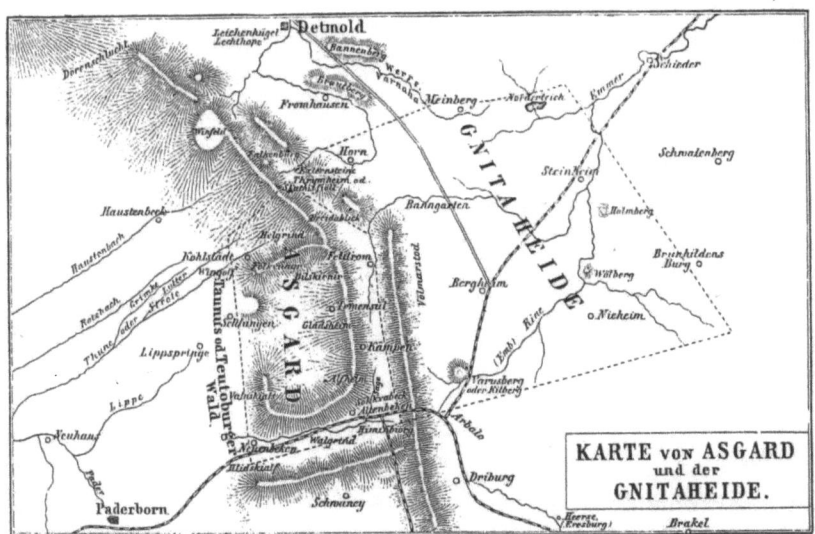

KARTE von ASGARD und der GNITAHEIDE.

D er Teil des Teutoburger Waldes, an dem die Externsteine stehen, wird üblicherweise *Osning* genannt, das heißt *Asenwald*. Die Vorsilbe *Os* bedeutet dasselbe wie *As*, nämlich *Ase*, die in der isländischen Edda-Sammlung gebräuchliche Bezeichnung für die Hochgötter der Germanen. Nach Jordanes führten die Goten ihren Adel, durch dessen Glück sie siegten, auf "Halbgötter" zurück, "*semideos id est ansis*". Die gotische Form im Plural müsste wohl *ansiz* lauten; die hochdeutschen Stämme haben das Wort in Namen wie *Anso, Anshelm, Anshilt*, die Sachsen und Angelsachsen in solchen wie *Oswald, Oslaf, Osdäg* bewahrt. Im Liedgut der isländischen Edda erscheinen die Asen (*aesir*) als reine Lichtwesen, kosmische Götter von geradezu olympischem Charakter, die dem älteren Geschlecht der Vanengötter (*vanir*), reinen Fruchtbarkeits- und Vegetationsgöttern, kontrastreich gegenübergestellt werden. Alles deutet darauf hin, dass die ganze nähere Umgebung der Externsteine in das Kultheiligtum einbezogen wurde und sakralen Charakter besessen haben muss.

Irgendwo auf den Höhenzügen des Teutoburger Waldes, so besagt eine alte Volksüberlieferung, soll Wodans Thron gestanden haben. Wodan aber ist Odin, der oberste der Asengötter. Nach isländischen Überlieferungen soll sich *Asgard*, das Reich der Götter, im Gebiet des Teutoburger Waldes befunden haben. Zwar meint Asgard eigentlich einen transzendenten Ort, einen Götterhimmel, aber das muss nicht ausschließen, dass es einen irdischen Platz gab, der durch seine aurische Qualität am ehesten geeignet war, als Widerspiegelung und Abbild jenes himmlischen Ortes zu gelten. Ähnlich meint ja der *Olymp* der Griechen sowohl einen transzendenten Götterhimmel als auch einen ganz konkreten Berg in Nordgriechenland. Nach W. Golther "liegt Asgard inmitten der Erde, wohl als hochragender Götterberg", und er sagt weiterhin: "Die Wohnstätte der Götter ist im lichten Himmel oder auf hohen Bergen gedacht, die in den Himmel hinein ragen und weite Überschau gewähren."[3] Wer denkt da nicht an die Externsteine?

Der Osning, der heilige Asenwald, muss ein geweihtes Stück Boden gewesen sein, das als Wohnsitz der Götter galt und nur mit frommer Scheu betreten wurde, vergleichbar jenen heiligen Hainen, die bei Kelten, Germanen und den frühen Griechen als Stätten der Andacht üblich waren. Nach dem Konzept der sakralen Landschaft, das bei allen heidnischen Völkern des vorchristlichen Europa Geltung besaß, konnte eine Landschaft auf Grund ihrer inneren, spirituellen, schwingungsmäßigen Qualität durchaus als Gefäß des Göttlichen dienen. Auf diese Weise ersetzt die heilige Landschaft den späteren Tempel. Wenn aber das Gebiet um die Externsteine für Asgard oder den Asenwald gehalten wurde, dann weist dies darauf hin, dass die Externsteine keineswegs ein lokales Kultheiligtum gewesen sind – im Gegenteil, sie müssen im Rang einer gesamtgermanischen Weihestätte gestanden haben, von ähnlich zentraler Bedeutung wie *Olympia*, *Epidauros* oder *Eleusis* in Griechenland.

Es gibt in der altisländischen Literatur durchaus Hinweise auf den Osning-Wald als Weihestätte im Gebiet des Teutoburger Waldes. Snorri Sturluson erzählt in der *Prosa-Edda*, wie der schwedische König Gylfi in grauer Vorzeit zu einem Ort außerhalb Schwedens reiste, um dort das Wirken der Asen kennen zu lernen. Es ist die bekannte Geschichte von *König Gylfis Verblendung*. Der Anlass für Gylfis Reise war, dass er die Überlegenheit der Menschen, die mit den Asen im Bunde waren, emp-

fand. Er wunderte sich, "dass der Asen Volk so vielkundig sei, dass alles nach ihrem Willen erginge. Er dachte nach, ob dies von ihrer eigenen Kraft geschehen möge, oder ob da die Macht der Götter walte, welchen sie opferten."[4] An welchem Ort der König nun Asgard gesucht hat, wird zwar nicht gesagt, aber im Vorwort der Prosa-Edda spricht Snorri Sturluson davon, dass Odin aus dem Gebiet der Sachsen über Jütland nach Schweden und Norwegen gekommen sei. Zum Stammesgebiet der Sachsen zählte man aber auch Westfalen.

Wäre daraus zu folgern, dass Gylfi nach Westfalen gegangen ist, um dort Asgard zu suchen? Ein weiterer Hinweis: um das Jahr 1150 begab sich der isländische Abt Nikulas von Thvera auf eine Reise nach Rom. Er war von seinem Kloster im Norden Islands über Norwegen nach Aalborg gelangt, durchquerte dann Jütland, Schleswig-Holstein und Niedersachsen und gelangte schließlich nach Minden. Von dort aus brauchte er zwei Reisetage bis Paderborn und dann noch einmal vier bis Mainz. Zwischen Minden und Paderborn galt es den Teutoburger Wald zu überwinden. Auf dieser Strecke, so berichtet der Abt, *"war die Gnitaheide, wo Siegfried den Fafnir erschlug."*[5] Eine geschichtsträchtige Gegend also, das Gebiet um den Teutoburger Wald; alles scheint hier vom Geist der germanischen Mythologie und der frühen deutschen Geschichte durchdrungen.

Geomantie der Externsteine

Die Externsteine liegen auf dem Kreuzungspunkt von mehreren, sich in nordsüdlicher und westöstlicher Richtung überschneidenden Verkehrsadern, die den Spuren uralter vorgeschichtlicher Wander- und Handelswege folgen, was dem Ort ungeachtet seiner idyllischen Abgeschiedenheit eine hohe verkehrspolitische, strategische, aber auch geomantische Bedeutung verleiht. Denn den alten Wanderwegen liegen geomantische Erdkraftlinien zugrunde, die mit ihren Überschneidungen ein Gitternetz tellurischer Energien bilden. Der Gebirgszug des Teutoburger Waldes weist von Natur aus einige günstige Übergänge auf, und zu denen gehört seit Alters her der *Pass über die Große Egge* zwischen Schlangen-Osterholz und Horn, unmittelbar im Gebiet der Externsteine. Der von Paderborn kommende *Alte Hellweg*, der als Fernweg die Verbindung zur Weser und Elbe herstellte, führte entlang dem Flusslauf der Wiembeke unmittelbar an den Externsteinen vorbei. Ein breitgefächertes Hohlwegesystem mit Karrenspuren ist westlich des alten Forsthauses im Hang vor dem Gebirgskamm erkennbar. Bronzezeitliche Grabhügel, Steinbeil- und römische Münzfunde bezeugen das hohe Alter dieses Gebirgsüberganges. Der Pass über die Große Egge wurde auch als Marschroute der römischen Legionen des Feldherrn Varus im Jahre 9 n. Chr. angenommen. Der ganze Ost-West-Handel zwischen dem Rheinland und Osteuropa wurde auf diesem "Alten Hellweg" abgewickelt, während die Nord-Süd-Verbindung im Mittelalter ein vielbegangener Pilgerweg war, der Skandinavien mit Rom verband. Ob der Name des Weges etwas mit der germanischen Unterwelts- und Totengöttin *Hel* zu tun hat, sei einmal dahingestellt.

Im Jahre 1813 wurde die Wegführung vom durch Hochwasser gefährdeten Tal der Wiembeke direkt an den Hang des Knickenhagen verlegt; dieser später zur Reichsstraße 1 ausgebaute Weg führte bis 1936 durch das mehrfach verbreiterte Tor zwischen den beiden Externstein-Felsen III und IV hindurch; ja es gab sogar eine Straßenbahnlinie, die auf ihrem Weg von Lippe-Detmold über Horn nach Paderborn direkt durch die Externsteine hindurchführte! Die heutige West-Ost-Verbindung, die B1 von Köln über Dortmund, Paderborn, Horn, Hameln, Hildesheim, Magdeburg nach Berlin verläuft etwa 1 km weiter südlich, sodass die Steine heute völlig ungestört in einem 142 ha großen Naturschutzgebiet liegen.

Wenn die Externsteine tatsächlich ein megalithisches, bronzezeitliches sowie keltisch-germanisches Kultheiligtum gewesen sind, so stellt sich die Frage, ob sie nicht auch mit anderen vorzeitlichen Kultstätten wie etwa *Stonehenge, Carnak, Malta,* den *Pyrami-*

den von Gizeh und vielleicht sogar den Heilgtümern des vorgeschichtlichen Amerika wie etwa den Pyramiden von *Teotihuacan* und denen von *Tiahuanaco* in geheimer energetischer Verbindung standen. Man könnte ein ganzes Netzwerk von "Kraftorten" bzw. Kultstätten annehmen, alle miteinander verbunden durch Energiekanäle, deren Verlauf die prähistorischen Wander- und Handelswege folgten, wobei es darunter auch Linien gibt, die auf den einst zwischen Europa und Amerika gelegenen, heute längst untergegangenen Kontinent oder Subkontinent *Atlantis* hinweisen. Ebenfalls bestehen Verbindungen zu einem Kulturraum im hohen Norden im Gebiet von Island, Grönland und Spitzbergen, wo wir die versunkene Insel *Thule* vermuten. Welcher Zusammenhang besteht zwischen *Atlantis, Thule und den Externsteinen?*

Es unterliegt keinem Zweifel, dass das Externsteinheiligtum nicht nur in ein gesamtdeutsches, mitteleuropäisches Wege- und Kaftorte-System eingebettet war, sondern darüber hinaus im Mittelpunkt geomantischer Großraumlinien stand, die ganz Europa vom Ural bis Portugal durchschnitten. Nach Forschungen von *Walter Machalett* kann man um die Externsteine konzentrische Kreise ziehen, die alle bedeutsamen Kultstätten in Nordeuropa berühren wie Thule, Uppsala, Helgoland, Stonehenge, Carnak und Kiew. Überdies kann man innerhalb des größten Kreises ein riesiges geographisches – und geomantisches – Dreieck bilden, das von den Externsteinen über die Insel Delos im Ägäischen Meer zu den Pyramiden von Gizeh führt.

Verlängern wir die Linie nach Norden, so kommen wir über die Insel *Helgoland* direkt nach *Island.* Also Island, Helgoland, Externsteine, Delos,

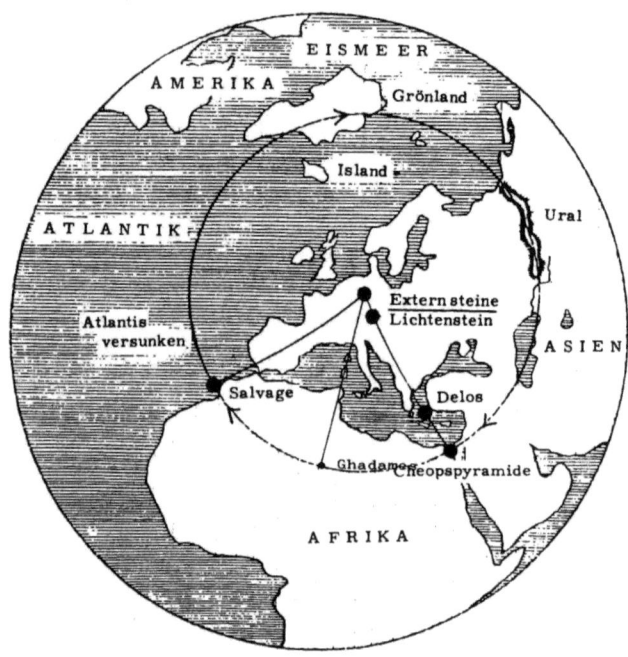

Gizeh – so verläuft die eine, östliche Seite des Dreiecks. Die andere, westliche zieht sich von den Externsteinen über Madrid nach Salvage, heute etwa Lanzarote-Teneriffa, Resten von Atlantis, oder zumindest auf Atlantis hinweisend. Verlängert man diese Linie nach Norden, so gelangt man zum *Weißen Meer* bzw. zu den nördlichsten Ausläufern des *Ural*. Als weitere interessante Einzelheit kommt hinzu, dass der Basiswinkel dieses gigantischen Dreiecks 51,5 Grad beträgt; dies ist aber auch der Basiswinkel der Cheopspyramide selber! Ferner liegen die Externsteine auf 51,5 Grad nördlicher Breite. Ein Zufall? Diese "Externsteinpyramide" jedenfalls umfasst einen Raum, in dem sich alle wichtigen Mysterienorte und Kultplätze für die Entwicklung Mitteleuropas befinden.

Eine Sonnenkult-Kraftlinie

Auf der Verbindungslinie *Externsteine-Cheopspyramide* zogen einst Weihgesandtschaften des Gottes Apoll vom fernen nördlichen Hyperborea nach Delos und zu anderen apollinischen Mysterienstätten Griechenlands. Die Erinnerung daran wird bewahrt in der Sage von Abaris dem Hyperboreer, wie sie noch um 100 v. Chr. der Grieche Diodor von Sizilien erzählt: *"Desgleichen sei auch vor alter Zeit ein Hyperboreer mit Namen Abaris nach Hellas gekommen und habe die Freundschaft und Verwandtschaft mit den Deliern erneuert."*[6]

Dieser geheimnisvolle Abaris soll auch den Apollonkult auf Delos gestiftet haben. Später wurde er allerdings zum reinen Wundertäter verklärt. Er soll das Land von einer schlimmen Pest befreit, allerlei Wunder gewirkt haben, und er konnte angeblich auf einem goldenen Pfeil die Erde umfliegen. Herodot (5. Jh. v. Chr.) äußert sich daher skeptisch: "Und so viel von den Hyperboreern; denn die Erzählung von dem Abaris, der auch einer aus dem Norden gewesen sein soll und der mit einem Pfeil um die ganze Erde flog, ohne etwas zu essen, erzähle ich gar nicht."[7]

Es ist interessant, dass auf der Linie *Island-Externsteine-Cheopspyramide* auch die Insel *Helgoland* liegt. Diese Kraftlinie verband also zwei Inseln, die beide Kultstätten waren, Delos als Kultzentrum des Sonnengottes Apollon – Helgoland als die dem Gott *Fosite*, isländisch *Forseti* geweihte Insel, der als ein Sohn des germanischen Sonnengottes Balder galt. Da schließlich auch die Pyramiden von Gizeh letztlich nur als solarkultische Bauwerke verstanden werden können, kann man die hier in Frage stehende Verbindungslinie spirituell durchaus als eine *Sonnenkult-Linie* bezeichnen. Auf ihr lag wohl eine ganze Kette von geomantisch bedeutsamen Kraftorten, die in besonderer Weise in der Lage waren, die von unserem Zentralgestirn ausgeströmten solaren Energien in sich aufzunehmen. Und die Externsteine? Waren sie nicht auch ein Sonnenkultheiligtum? Der Name hängt übrigens keineswegs mit dem lateinischen Wort *"extern"* für "außerhalb" zusammen, sondern bedeutet eigentlich *Eggesternsteine*, also *Egge-Sternsteine*, das heißt die "Sternsteine" auf der Großen Egge (wie diese Gegend des Teutoburger Waldes eben heißt). Schon der Name deutet auf ein astronomisches Beobachtungszentrum hin, im besonderen auf ein

Sonnenkultzentrum, was durch Vermessung der Sonnenaufgangspunkte zur Sonnenwende mittlerweile wissenschaftlich nachgewiesen wurde.

Welcher wahrhaft geniale Geist hat denn nun dieses gigantische, europaweite Netzwerk solarer Kultzentren geplant, angelegt und mit Energiekanälen subtilster Art durchzogen? Wer hat in so einzigartiger Weise die Strukturen der Erde auf das Zusammenwirken von tellurischen und kosmischen Energien ausgerichtet? Es scheint, dass die geomantischen Strukturen Europas aus der Zeit von Atlantis stammen. "Eine Mitgestaltung der Erde nach kosmisch-harmonikalen Aspekten geschah in frühen atlantischen Menschheitsepochen an Orten besonderer solarer und tellurischer Einströmungen; die Festlegung und Zuordnung dieser Orte nach geomantischen Gesichtspunkten erfolgte mit einer für neuzeitliche Vorstellungen unbegreifbaren Harmonie und Vollkommenheit. Zeugnisse einer derartigen Beeinflussung der Erde lassen sich noch heute finden in Gestalt monumentaler Felsbilder und Skulpturen, riesiger megalithischer Sakralbauten und Anlagen bzw. deren nachvollziehbarer Festlegung mit Hilfe großer Menhire und Dolmen"[8] – so Jens Möller in seinem Buch *Geomantie in Mitteleuropa*.

Beschreibung der Hauptfelsen

Unter den "Externsteinen" versteht man nur *die Gruppe der fünf Hauptfelsen*, die dort, wo die dicht bewaldeten Hänge des Knickenhagen sanft auslaufen und in das Tal der Wiembeke abfallen, eine Reihe eng nebeneinander stehender Felszinnen unterschiedlicher Form und Größe bilden, alle frontal nach Nordosten gewandt, wo die Sonne am Tag der Sonnenwende aufgeht. Die von den Felsen ausstrahlende tiefe Ruhe steht in Kontrast zu der unruhigen Zerklüftung ihrer Oberflächenstruktur, wo senkrechte Karrenrillen aus der Zeit der Weichselvereisung sich abwechseln mit waagrechten Linien, größeren Bruchflächen und Stellen, die auf eine menschliche Bearbeitung schließen lassen.

Es macht die besondere Faszination der Externgruppe aus, dass jeder dieser fünf Felsen einen ganz eigenen, von der Gestalt der anderen deutlich abweichenden Charakter zu besitzen scheint – und doch bilden sie alle zusammen, ungeachtet ihrer je eigenen Individualität, eine in sich harmonische Gesamtkomposition. Die Reihe der Felszinnen setzt sich auf dem Kamm des Gebirges nach Südosten weiter fort; aber da der Berg hier stark ansteigt, ragen die weiteren Felsen nicht so hoch über den Boden hinaus wie die der freistehenden Gruppe. Zu dieser weiteren Gruppe von

Felsen auf dem Kamm des Knickenhagen zählt man auch den *Falkenstein*, auf dessen Gipfel sich mehrere künstlich angelegte Schalensitze befinden – ganz offensichtlich Beobachtungsposten für Sternbeobachter, dem Namen der Anlage, *Egge-Sternsteine*, damit Rechnung tragend. Da sich bei der Bearbeitung des Steins keine Spuren von Metallwerkzeugen finden, sind diese Sitze wohl schon in der Zeit des Neolithikums entstanden, also zwischen 5.600 und 2.200 vor der Zeitenwende. Wenden wir uns nun den fünf Hauptfelsen der Externsteingruppe zu. Von Nordosten aus gesehen lassen sie sich am besten voneinander unterscheiden. Seit über 200 Jahren ist man gewohnt, die Felsen *von rechts nach links* durchzuzählen, das heißt von dort, wo sich der künstlich aufgestaute Teich der Wiembeke befindet, bis dahin, wo der Höhenzug des Knickenhagen steiler ansteigt und die weiteren Felsen dem Blick entzieht. Zusätzlich zur Zählung von I bis V kann man den Felsen noch "sprechende" Namen geben, die auf ihre jeweils besondere Individualität hinweisen. Hier die Namen:

Felsen I	Grottenfelsen
Felsen II	Turmfelsen
Felsen III	Treppenfelsen
Felsen IV	Wackelsteinfelsen
Felsen V	Kopffelsen

Der *Grottenfelsen* [siehe Abb.], breit und mächtig auf dem Boden lagernd, wirkt durch seine nahezu quadratische Form unbewegt in sich ruhend. Mit seinen drei eingebauten Grotten, der Adlertür, dem berühmten Kreuzabnahmerelief und der Petrusfigur ist er wohl der am meisten umstrittene Felsen der ganzen Anlage; zahlreiche Geschichten, Gerüchte, Wahrheiten und Halbwahrheiten ranken sich um ihn. Ganz verschiedene Zeitläufe scheinen sich an ihm widerzuspiegeln. Während das Kreuzabnahmerelief eindeutig zur Zeit der Christianisierung entstand, und zwar zwischen 816 und 822, zeigt der Fels von Südwesten her gesehen ein völlig anderes Bild – das scharf umrissene Profil eines Gesichtes, zweifellos der Kopf eines Riesen, mit deutlich hervorstechender Nase, einem dichten langen Vollbart darunter und dem von einer kräftigen Braue überwölbten Auge mit einem dicken Tränensack. Er erinnert äußerlich stark an Odin

und wird üblicherweise der "*Riese*" genannt. Zweifellos eine jener paläolithischen Großskulpturen, die möglicherweise aus einer eiszeitlichen Periode stammen, von der Natur selbst geformt, aber von Menschenhand kunstvoll nachgebildet. Der Grottenfelsen besitzt einen Treppenaufgang und ein Aussichtsplateau auf der Gipfelfläche, die von dem Grafen Hermann-Adolf zur Lippe (1652–1666), dem damaligen lippischen Landesherrn, angelegt wurden. Zusätzlich zu den drei Hauptgrotten gibt es noch, 10 Meter über dem See gelegen und nicht zugänglich, die sogenannte *Reklusen-Zelle*. Außerdem befindet sich am Fuß des Grottenfelsens, direkt neben dem Stausee, das sogenannte *Felsengrab* oder der *Steinsarg*. Welchem Zweck er wirklich diente, weiß man nicht; eine Funktion als Begräbnisstätte hat er jedenfalls nie erfüllt.

Zu dem erratischen, blockhaften Insichruhen des Grottenfelsens steht der steil aufwärts strebende *Turmfelsen* in deutlichem Kontrast. Auf alten Kupferstichen wird er auch *Turris Veledae* genannt, das heißt Turm der Veleda, weil man sich dort den Sitz der germanischen Seherin dachte. Zu Füßen des Felsens ragt ein mehr als mannshoher Block aus dem anstehenden Gestein empor – die sogenannte "*Rednerkanzel*". Von hier aus soll, wie Karl Theodor Menke schon 1824 vermutet hat, Arminius zu den Cheruskern gesprochen haben, um sie für den Aufstand gegen die Römer zu

begeistern. Gekrönt wird der Turmfelsen aber vom "*Sacellum*", einer kleinen Kultgrotte auf der Spitze der Felszinne mit Altarnische und einer kreisrunden Fensteröffnung, die in vorgeschichtlicher Zeit wohl einem Sonnenkult geweiht war.

Das Besteigen des Turmfelsens ist nur über den benachbarten Felsen möglich, den *Treppenfelsen*, der den Zugang zum Sacellum über eine sich in schwindelerregender Höhe wölbende Brücke eröffnet. Das Charakteristische dieses Felsens ist die in den Stein geschlagene umlaufende Treppe, die in mehreren Abschnitten zum Gipfelplateau hinaufführt. Nur zwei Drittel so groß wie sein Nachbar, zeigt der Treppenfels die Form eines auf seiner Schmalseite stehenden Rechtecks. Direkt am Sockel des Felsens sieht man eine etwa 4 Meter lange *Sitzbank* in den Stein eingeschlagen. Ob auch sie kultische Bedeutung hatte?

Der links neben dem Treppenfelsen stehende *Wackelsteinfelsen* verdankt seinen Namen einem auf seiner Spitze lose aufliegenden Monolithen, der allerdings bereits im Jahre 1813 mit Eisenklammern befestigt wurde. Davon abgesehen weist dieser Externstein wieder markante Großskulpturen aus der Altsteinzeit auf: von Südwesten gesehen, also auf der Rückseite das überdimensionale Bildnis einer *Hirschkuh* – man hat sie als die "*Himmelsziege Heidrun*" der Edda gedeutet; auf der Vorderseite die Gestalt eines riesigen Menschen, zwei Drittel der Höhe des Felsens in Anspruch nehmend, stehend, mit seitwärts geneigtem Kopf und nach oben ausgebreiteten Armen – man hat ihn, wohl wegen seiner Ähnlichkeit mit dem gekreuzigten Christus, den "*Hängenden*" genannt.

Den *Kopffelsen*, der sich links neben dem Wackelsteinfelsen erhebt, ziert ebenfalls eine monumentale Großskulptur aus der Frühzeit der Menschheitsgeschichte, das Bildnis eines im Profil sichtbaren Mannes, ganz im oberen Teil des Steins angelegt, mit einer seltsamen Kopfbedeckung versehen. Dieser gigantische Männerkopf misst vom Kinn bis zum Scheitel 6,60 Meter; wachsam blickt er unverwandt nach Südwesten, als wolle er die Herankommenden beobachten. Wegen seines geöffneten Mundes hat man ihn den "*Rufer*" genannt. In welcher Beziehung steht er zu dem großen Profilkopf des "*Riesen*" auf der Oberfläche des Grottenfelsen? Sind beide möglicherweise Wächter des Heiligtums?

Sollte man den "*Riesen*" und den "*Rufer*" gar mit dem Bildnis des "*Hängenden*" auf Fels IV in Bezug setzen, das sie ja von beiden Seiten her ein

rahmen? Hier tritt in aller Klarheit hervor, dass die Großskulpturen an den Externsteinen eine Art Bilderrätsel darstellen, eine kryptische Bilderschrift, die vielleicht von längst vergangenen Göttergeschlechtern erzählt oder urzeitliche Mythen aufzeichnet. Erst auf den zweiten Blick sieht man, dass rechts neben dem Rufer eine etwas kleinere Frauengestalt erscheint, auch sie im Profil sichtbar und nach links blickend. Sie könnte eine der Seherinnen darstellen, die wohl lange vor der Zeit der Germanen am Heiligtum der Externsteine ihren Priesterdienst versahen.

Das Rätsel des Hängenden

D er *Hängende* sieht auf den ersten Blick besehen dem gekreuzigten Christus so ähnlich, dass man sich gar nicht mehr darüber wundert, wie die Kultstätte der Externsteine so rasch in eine christliche Wallfahrtsstätte umgewandelt werden konnte. Der seitlich geneigte Kopf, den leidenden Gottessohn andeutend, die V-förmig nach oben ausgebreiteten Arme, ja selbst die Wunde des Lanzners – das alles ist vorhanden und weist auf den Heiland der christlichen Religion hin. Aber der erste Blick täuscht: die Großskulptur ist paläolithisch und weist ein Alter von sicherlich mehreren Jahrzehntausenden auf. Und überdies ist das

Sinnbild des gemordeten und wiederauferstandenen Gottessohnes ein allgemein verbreiteter religiöser Archetyp, der seit Menschengedenken besteht und auch in allen vorchristlichen Mysterien vorkommt. Man hat in der etwa 20 Meter hohen Riesenfigur daher auch *Odin*, *Prometheus* oder *Loki* sehen wollen.

Eingedenk der Nutzung der Externsteinkultstätte durch Germanen über lange Zeit hinweg möchte man in dem Relief des hängenden Gottes gern am ehesten ein Bildnis Odins sehen. Machtvoll geht dieser Magier-Gott den Weg der Initiation voran, den auch jeder menschliche Adept der Runenkunde und der germanischen Mysterien zu beschreiten hatte, den Weg des Selbst-Opfers. Dargestellt wird dieser Weg in dem unter dem Namen *Havamal* bekannten Edda-Lied, wo Odin über seine eigene Einweihung berichtet – wie er "neun Nächte lang" am "windigen Baum" hing, ein Opfer seiner selbst, bis er schließlich das Allwissen der Runen erwarb, die Macht und Weisheit schenkten:

> Ich weiß, dass ich hing am windigen Baum
> neun Nächte lang,
> mit dem Ger verwundet, geweiht dem Odin,
> ich selbst mir selbst,
> an jenem Baum, da jedem fremd,
> aus welcher Wurzel er wächst.
> Sie spendeten mir nicht Speise noch Trank;
> nieder neigt ich mich,
> nahm auf die Runen, nahm rufend sie auf;
> nieder dann neigt ich mich.
> Neun Hauptlieder lernt ich vom hehren Bruder
> der Bestla, dem Bölthornsohn;
> von Odrörir, dem edelsten Met,
> tat ich einen Trunk.
> Zu wachsen begann ich und wohl zu gedeihn,
> weise ward ich da;
> Wort mich von Wort zu Wort führte,
> Werk mich von Werk zu Werk führte.[9]

Mit dem Baum, an dem Odin hängt, der "jedem fremd, aus welcher Wurzel er wächst", ist der kosmische All-Baum *Yggdrasil* gemeint, der als Stützpfeiler aller Welten Himmel, Erde und Unterwelt miteinander verbindet. Er bedeutet die senkrechte Weltachse oder die *axis mundi*, die auch der griechische Philosoph Platon (427–347 v. Chr.) kannte. In seinem Dialog *Timaios* sagt Platon: "... die Erde aber, unsere Ernährerin, befestigt an der durch das Weltall hindurchgehenden Weltachse, bildete er [Gott] zur Erzeugerin und Hüterin der Nacht und des Tages, die erste und ehrwürdigste der innerhalb des Himmels erzeugten Götter"[10]. Die Weltachse verläuft demnach durch die Erdachse hindurch (Platon muss sich die Erde wohl schon als Kugel gedacht haben!), verlängert sie aber nach oben himmelwärts, um schließlich genau auf dem Polarstern zu enden. In dieser Weltachse haben wir ein uraltes, atlantisch-hyperboreisches Sinnbild vor uns. Sie fungierte ursprünglich als *Weltenstützer* – symbolisch der Atlas, der die Wettkugel auf seinen Schultern trägt –, wurde dann aber zum *immergrünen Weltenbaum* und zuletzt, zur Zeit der heidnischen Sachsen im Kampf gegen die Franken, zur *Irminsul*, die irgendwo in Westfalen bei Eresburg aufgestellt war.

So ist das Rätsel des "Hängenden" unmittelbar mit dem Weltbaum-Weltstützer-Mysterium verbunden. Die Hyperboreer, dieses Urvolk aus der Region des heutigen Nordpols, verbreiteten es über die ganze damals bewohnte Erde. Es tritt daher, leicht variiert, in den Religionen und Mythen aller Weltkulturen auf, für den Forscher ein deutlicher Hinweis auf einen einheitlichen Ursprung menschlicher Kultur. Leicht abgewandelt wird der immergrüne Weltenbaum im Bilde der *Weltensäule*, die in älteste Zeiten zurückgeht; die Menhire der europäischen Vorgeschichte stellen wie später die ägyptischen Obelisken die Weltensäule dar. Ja, der oben schon erwähnte Philosoph Platon berichtet in seinem Dialog *Kritias* sogar, dass einst im untergegangenen Inselreich Atlantis eine große, die Weltachse symbolisierende Kultsäule gestanden habe; er spricht von einer "Säule aus Bergerz, welche in der Mitte der Insel im Tempel Poseidons sich befand"[11]. Am Fuße dieser Säule, so erzählt Platon weiter, hätten sich alle drei bis fünf Jahre die Könige von Atlantis versammelt, um dort im Zuge eines Stieropfers den Willen ihres obersten Gottes zu erkunden.

Solche "atlantische Weltensäule" aufzustellen, war in der Zeit der Megalithkultur und später noch der Kelten weithin gebräuchlich. Einzelne,

steil aufragende Menhire mochten eine solche Funktion erfüllt haben. Der griechische Geograph Scymnos von Chios (1. Jhrt. v. Chr.) kannte bei den an der Küste des Atlantiks lebenden Venetern, einem keltischen Stamm, eine solche Kultsäule: "Die Kelten haben griechische Bräuche .... An der äußersten Grenze ihres Landes befindet sich eine Säule (*stele*) .... Sie erhebt sich gegen das Meer vor den stürmischen Wogen. (...) Die Bewohner der Gebiete um diese Säule sind die letzten Kelten und die Veneter."[12] Im einzelnen Wohnhaus, auch der Germanen, mochte der mittlere zentrale Stützbalken die Funktion einer solchen Kultsäule erfüllt haben.

Der *"hängende Gott"* – einerlei, wie sein Name lauten mag – hängt an der imaginären Weltachse, die durch die Mitte des Universums hindurchgeht, und zwar nicht etwa, um dort zugrundezugehen, sondern um mit der Weltachse eins zu werden. Es handelt sich nicht um ein Opfer, sondern um eine Transformation. Der Hängende *ist* die Weltachse selber, der himmelstützende Allgott. Diese Bedeutung wurde später Christus zuerkannt, der somit die Nachfolge der alten europäischen Mysteriengötter antrat. Auch Christus ist ein *"Hängender"* – irdisch, bei seinem Kreuzestod zu Golgatha, aber auch gesamtkosmisch. Platon schrieb in seinem Dialog *Timaios*, der "Sohn Gottes" – der Logos – sei in Gestalt eines Chi an die Weltseele geheftet. Der griechische Buchstabe Chi aber gleicht einem schrägen Kreuz, vergleichbar etwa dem deutschen Buchstaben X.

Das Symbol des Kreuzes enthält das Mysterium von Tod und Wiedergeburt. Der Kosmische Christus ist an das Kreuz der Weltseele geheftet, an dem er – wie Odin an der Weltenesche Yggdrasil – das Selbstopfer von Tod und Transformation darbringt, um dadurch eine Erneuerung des Universums als Ganzem zu ermöglichen. Wie lange sich die Vorstellung von einem Welt und Himmel stützenden Allgott gehalten hat, zeigt die das Gewölbe tragende Säule in der Krypta der karolingischen Michaelskirche in Fulda. Mit ihren eingerollten, goldbemalten Voluten trägt sie Irminsul-Charakter, und im Kirchenführer ist zu lesen: "Candidus deutet die Säule als Sinnbild für *Christus, der das Weltall trägt*."[13]

So bleibt es belanglos, ob wir den Hängenden auf Fels IV der Externsteine für ein Sinnbild Odins, Christi oder eines anderen Gottes halten. Solch ein irdischer Name wird dem überzeitlichen Charakter dieses universellen Weltachsengottes ohnehin nicht gerecht. J. W. Hauer nannte ihn einen indogermanischen Urgott: "In der gesamten indogermanisch-ger-

manischen Glaubensgeschichte ist das *Streben* zu erkennen *nach einer höchsten Gottgestalt* in diesem Reich der Gottesmächte. Im Verlauf der Entwicklung hat sich dieses Streben im germanischen Bereich so gut wie im indoarischen in verschiedenen Göttergestalten zu verwirklichen gesucht. Aber am frühesten und beharrlichsten hat es sich mit dem 'Weltstützer' verbunden, jenem indogermanischen Urgott, der in seiner Hoheit und Unfassbarkeit alle Einzelmächte überragte. (....) Denn der Allgott ist auch der Urvater der Menschen, er steht als Baum und Weltachse wachend im Weltall, das Mondhorn im Gezweig, er ist der Wachsame, der alles überschaut."[14]

Der Rufer – ein Mystagoge?

Legt man bei der Deutung der Externsteine die germanische Mythologie zugrunde, so könnte man in den drei beherrschenden Großskulpturen der Anlage, dem "*Hängenden*", dem "*Rufer*" und dem "*Riesen*" durchaus eine Art göttliche Trinität erkennen. Alle drei Figuren tragen dieselbe Handschrift, sind aufeinander bezogen und bilden eine Gesamtkomposition. In der längeren Seherinnenrede der Edda, der *Völuspa*, tritt Odin beim Schöpfungsprozess ursprünglich als Trinität auf, gebildet aus *Odin, Hönir und Lodur*. Auch unter anderen Namen erscheinen sie. Als Bors Söhne, so erzählt der Schöpfungsmythos, *Odin, Wili* und *We*, am Meeresstrande wandelten, fanden sie dort zwei Bäume vor und erbildeten daraus Menschen; der erste gab ihnen Seele, der zweite Leben, der dritte Gehör und Gesicht. Später geriet diese Trinität indes in Vergessenheit; bzw. die Anhängsel Odins verselbständigten sich zu eigenen Göttern.

Es wäre gewiss verlockend, die drei Großskulpturen als Odin, Wili und We zu deuten; aber die Externsteinanlage als Weihestätte geht nun einmal weit in vorgermanische Zeit zurück, in die Dämmerzeit der menschlichen Frühgeschichte. Und doch ist einfach nicht zu leugnen, dass die drei Großbilder in einem Zusammenhang zueinander stehen. Besonders der "*Rufer*" und der "*Riese*", beide an entgegengesetzten Enden der Anlage angebracht, stehen geradezu in Polarität zu einander. Der "*Riese*" scheint traumhaft in sich versunken; eine Atmosphäre konzentrierten Schweigens geht von ihm aus. Er ist ganz der weise Alte, der Zauberherr, der große Magier. So könnte man sich Odin vorstellen. Tolkien-Leser mögen sich vielleicht an Gandalf erinnert fühlen. Der Mund, von dem dichten Bart ganz überwuchert, scheint geschlossen, der Blick nach innen gekehrt.

Ganz anders der "*Rufer*"[siehe die Abb. links]: das junge, bartlose Gesicht zeigt scharfgeschnittene Züge, der Mund ist wie zum Sprechen geöffnet. Warum heißt man ihn eigentlich den Rufer? Vielleicht sollte man ihn besser den "*Sprechenden*" nennen. Er wäre dann eine Erscheinungsform des Urgottes, den man seit jeher mit dem Wort, der Sprache, der Redekunst in Verbindung gebracht hat. Hermes oder der Logos hieß er

bei den Griechen, in magischer Überhöhung wurde er zu Hermes Trismegistos. Seine Aufgabe bestand darin, Herold, Bote, Übermittler zu sein; zuweilen wirkte er auch als Mystagoge, der wie bei den antiken Mysteriendiensten den Initianden zu den Weihen hinführte. Vielleicht ist auch der "*Rufer*" ein solcher Mystagoge? Übergroß steht er auf Fels V, wo er dem Ankommenden entgegentritt, um ihn auf das zentrale Mysterium des Weltstützergottes vorzubereiten.

Ein solcher Mystagoge mag auch als "Wächter der Schwelle" dienen. Zu seiner Aufgabe gehörte es, den Anwärter auf die Weihen auf seine Tauglichkeit zu prüfen und bei gegebenem Anlass die Uneingeweihten von den wirklichen Mysten zu trennen. Bei den eleusinischen Mysterien in Griechenland nahe Athen war es üblich, dass ein Hierophant vor Beginn der Heiligen Feiern zu den versammelten Besuchern die Worte sprach: "Euch allen sag' ich's zum erstenmal, zum zweiten- und drittenmal sag' ich's: Hebt euch all hinweg von dem mystischen Chor! Ihr andern beginnt die Gesänge, beginnt die heilige Feier der Nacht, geziehmemd dem Fest der Geweihten!"[15] Man könnte sich solche Worte auch gut aus dem Munde des "*Rufers*" vorstellen! Die Reihenfolge vom "*Rufer*" über den "*Hängenden*" zum "*Riesen*" stellt eine Steigerung dar. Während der erste zum eigentlichen Geschehen hinleitet, stellt der zweite den dramatischen Höhepunkt des Einweihungsprozesses dar, und der dritte zeigt auf seinem Antlitz die abgeklärte Ruhe nach vollzogener Einweihung. So bilden die Großskulpturen der Externsteine die Stationen eines Initiations-Weges ab.

Vorgeschichtlicher Hirschkult

Nähert man sich dem Externstein-Heiligtum von der Rückseite, also von Südwesten, und schreitet man durch die große torartige Kluft zwischen den Felsen III und IV hindurch, so wird man rechts auf der Front des Wackelsteinfelsens einen übergroßen Tierkopf wahrnehmen. Wiederum im Profil erkennbar, blick er nach links; es handelt sich offensichtlich um ein weibliches Tier, da es kein Gehörn besitzt; es könnte ein Ren, eine Hirschkuh oder eine Ziege sein. Auf dem langen schmalen Hals sitzt der spitz zulaufende Kopf mit dem deutlich erkennbaren Mund, und das spitze Ohr bildet mit der Stirn eine gerade Linie. Vertreter der germanischen Mythologie haben in dem Tier eine Darstellung der *Himmelsziege Heidrun* sehen wollen, die unmittelbar in der Nähe von Odins Halle äsend zu den heiligen Tieren Walhalls gehört. Über sie heißt es in der Edda: *„Heidrun heißt die Geiß, / die auf der Halle steht / und von Lärads Laube frisst; / mit klarem Met / soll sie die Kannen füllen / nie vertrocknet der Trank."*[16]

Die hier zitierten Verse stammen aus dem *Grimnismal*, einem eddischen Lied, das in 54 überlieferten Strophen die Burgen Wallhalls mit allen dort vorhandenen Einzelheiten beschreibt. Aber wenn man bedenkt,

Die Himmelsziege Heidrun

dass die isländischen Eddalieder doch alle aus dem hohen Mittelalter herrühren, Produkte einer skaldischen Kunstpoesie, erscheint ein Bezug zu den Externsteinen zu gewagt. Eher wäre es wohl sinnvoll, das Bild vor dem Hintergrund eines jahrtausendealten, tatsächlich nachgewiesenen *ureuropäischen Hirschkultes* zu deuten. Bildliche und figürliche Darstellungen des Hirschmotivs gibt es in unabsehbarer Zahl, von der Eiszeitkunst bis zur Ikonographie der Metallzeiten, und recht früh wurde aus dem Hirsch ein Hirschgott geformt, der als "Herr der Tiere" bei den Jägern der Altsteinzeit große Verehrung genoss. Lange bevor die Kelten ihren Hirschgott *Cernunnos* auf dem berühmten Silberkessel von Gundestrup verewigten, zeigten Felszeichnungen im norditalienischen *Val Camonica* den Typus des "Gehörnten" bereits in größter Vollkommenheit. Val Camonica, ein lombardisches Hochtal, durch das die Sturzfluten des Oglio rauschen, wurde während einer der letzten Eiszeiten von Gletschern geschaffen. Irgendwann muss man beobachtet haben, dass zur Tag- und Nachtgleiche die Sonne exakt hinter dem Pizzo Badile aufgeht, sodass dieser markante Berggipfel schon sehr früh Verehrung genoss. Er wirkt wie eine gigantische Sonnenuhr, die Tages- wie auch Jahreszeiten anzeigte und das ganze Tal zu einer einzigen großen Kultstätte machte.

Um 4500 v. Chr. waren es dort lebende Jäger, die sich veranlasst gefühlt haben, in die mächtigen, von Eismassen geglätteten Felsen Bilder kultischer oder magischer Natur einzuritzen. Der Jagdmagie hingegeben, stellten sie oft ihre Beute sehr naturalistisch dar, vor allem Auerochsen und Hirsche; später kamen stilisierte Menschenfiguren, Sonnen, Äxte, Räder, Labyrinthe und viele andere abstrakte Symbole hinzu. Der Hirsch steht meist im Mittelpunkt der Darstellungen. Auf einem Bild sieht man einen bewaffneten Krieger stehend auf einem übergroßen Hirsch reiten (in die Unsterblichkeit?). Viele Gestalten findet man auch in der klassischen *orans*-Haltung, mit erhobenen Händen betend, dargestellt. Eine Abbildung erscheint indes besonders interessant: übergroß und ehrfurchtgebie-

tend steht der mit einem Hirschgeweih ausgestattete Gott vor seinem winzigen menschlichen Verehrer – eindeutig der Typ des "*Gehörnten*".

Das erinnert an eine andere, wesentlich ältere Darstellung auf den Wänden der Kulthöhle *Les Trois Fréres* in Südfrankreich. Sie gibt einen gerade zum Sprung ansetzenden Hirschen mit überraschend menschlichem Gesicht zu erkennen – üblicherweise wird die Gestalt immer nur "*Le Dieu Cornu*", der gehörnte Gott, genannt. Sie stammt aus dem Jungpaläolithikum, also der jüngeren Altsteinzeit, und dürfte damit wohl um etliche Jahrtausende älter sein als die lombardischen Felszeichnungen. Ein anderes Bild [Abb. oben] aus der südfranzösischen Höhle zeigt einen tanzenden, Flöte spielenden Gehörnten, allerdings dem Geweih nach eher ein Bison als ein Hirsch, der zwei Renkühe vor sich hertreibt. Das Ganze ist offensichtlich eine mythische Szene; nur Jagdmagie mit einer kräftigen Portion Schamanismus dabei kann das hier Dargestellte erklären.

Aus einer sehr viel späteren Zeit, der von den Kelten dominierten Eisenzeit, sind die zahlreichen Cernunnos-Darstellungen überliefert, die noch bis in die gallorömische Zeit andauern. Der Name *Cernunnos*, der Gehörnte, geht auf die indogermanische Wurzel < *ker* > für "wachsen" zurück; die Wortwurzel findet sich im Namen der altwalisischen Göttin *Ceridwen*, aber auch in dem der römischen Fruchtbarkeitsgöttin *Ceres*. Auch das lateinische Verb *crescere* für "wachsen" gehört in diesen Zusammenhang. Cernunnos ist somit der Gott, der über die Wachstumskräfte

gebietet; sein Hirschgeweih symbolisiert Fruchtbarkeit und Regeneration. Allein Gallien kennt über 30 Cernunnos-Darstellungen, und seit dem 3. Jh. v. Chr. setzte sich eine einheitliche Ikonographie durch: der geweih-tragende Kopf mit dem ganz menschlichen Antlitz und den großen runden Emaille-Augen; die Sitzhaltung mit den untergeschlagenen Beinen ("Buddhahaltung"); der Torques um den Hals oder in der Hand und die gehörnte Schlange als Begleittier.

Den Hirsch als ein Fruchtbarkeit und Wachstum symbolisierendes Tier hat man öfters mit der Großen Muttergöttin in Zusammenhang gebracht, im Hirschgott vielleicht sogar den Kultgefährten der Göttin sehen wollen. In seiner Eigenschaft als *Esus* scheint der Cernunnos des Silberkessels von Gundestrup in der Tat mit der gallokeltischen Göttin *Rigani* in Beziehung zu stehen, soweit wir die magisch-traumhaften Bilder des Kessels auf dem Hintergrund der gallischen Göttermythologie deuten können[17]. Der griechischen Mond-, Jagd- und Waldgöttin Artemis war ebenfalls der Hirsch als heiliges Tier zugeordnet. Wir kennen ja die Sage von dem Jüngling Aktaion, den die Artemis in eine Hirschkuh verwandelte, weil er sie heimlich beim Baden beobachtete. Mit all dem will gesagt sein, dass es in Europa einen uralten Hirschkult gegeben hat, sodass wir uns bei der Deutung des Tierkopfs auf dem Wackelsteinfels nicht auf die eddische *Himmelsziege Heidrun* zu beschränken brauchen. Waltete über den Externsteinen die Macht einer Großen Muttergöttin? Gab es in dieser Region einen lokalen Hirschkult? Von den Jägern der Altsteinzeit fortgeerbt bis zu den zuletzt dort ansässigen Cheruskern, die man wie die schottischen Cornavier als ein "Volk der Gehörnten" begreifen kann, zumal sich die auf den Hirsch hinweisende Wortwurzel *(ker, cer, cher)* auch in ihrem Namen findet? Der Hirschkopf sollte vielleicht zu erkennen geben, dass man sich nun einem Heiligtum nähere, das einem "Hirschvolk" angehört.

Zur Position des Wackelsteins

Wir haben Fels IV der Anlage nunmehr von zwei Seiten betrachtet, von der Vorderfront, wo das Riesenbildnis des "*Hängenden*" prangt, und von der Rückseite mit dem Kopf der Hirschkuh. Von beiden Seiten sehen wir sein eigentliches Wahrzeichen, das ihm den Namen gab – den tonnenschweren monolithischen *Wackelstein*, der wie die Deckplatte eines Dolmens auf dem höchsten Punkt der Felszinne ruht. Sofort erhebt sich natürlich die Frage: wie kam er in seine derzeitige Position? War es wirklich nur ein Werk der Natur? Das erscheint kaum vorstellbar. Aber welche uns heute nicht mehr bekannte Kunst oder Technik hat es vermocht, den gewaltigen Monolithen in diese schwindelnde Höhe zu erheben?

Über die Entstehung des Wackelsteins – auch der Externsteine überhaupt – haben sich eine Reihe von Sagen gerankt, die das Werk allesamt dem "Teufel" zuschreiben, was ihre Herkunft aus der Zeit der Christianisierung nur allzu deutlich belegt. Eine solche, auf das Phänomen des Wackelsteins bezogene Sage, die wohl noch aus dem Ende des 8. Jahrhunderts stammt, hat Wilhelm Gottlieb Levin Donop im Jahre 1810 erstmals aufgezeichnet. Sie sei hier mit eigenen Worten kurz wiedergegeben:

Als der Teufel sah, dass das Christentum immer mehr überhand nähme, er aber eine Seele nach der anderen verlor, beschloss er, sich an die Externsteine zurückzuziehen. Da sah er zu seinem Entsetzen, dass man an dieser Anlage ein Christuskreuz angebracht hatte, vor dem alle niederknieten, ja dass sogar auf der Spitze des steilsten Felsens eine Kapelle errichtet wurde (das *Sacellum*). Als nun ein Priester mit einer Prozession von Gläubigen von Horn her kam, um Kreuz und Kapelle der neuen Religion zu weihen, überkam den Teufel mächtiger Zorn. So griff er nach dem erstbesten Felsbrocken, um ihn auf den Priester zu schleudern. Der aber hielt dem Teufel sein Kruzifix entgegen, und so änderte der einmal geworfene Stein seine Richtung und landete auf der Spitze von Fels IV, wo er noch heute vom staunenden Besucher bewundert wird. Man sagt aber, er werde dereinst herunterfallen, um die letzte lippische Fürstin zu töten.

Welche Bedeutung dieser Sage beigemessen wurde, sieht man daran, dass es die *Landesfürstin Pauline* war (Regierungszeit 1802–1820) – kinder-

los und so die Letzte ihres Geschlechts –, die den Wackelstein im Jahre 1813 mit Eisenklammern befestigen ließ. Sie, eine häufige Besucherin der Externsteine, wollte wohl nicht, dass der Wackelstein auf sie herabfiele. Verdankte er doch seinen Namen gerade dem Umstand, dass er bei stürmischem Wetter auf seinem Hochsitz hin- und her wackelte. Dass die Position des Wackelsteins auf den Teufel zurückgeführt wird, belegt eindeutig den vorchristlichen Ursprung der Steinlegung. Wer ist der *"Teufel"* sonst, wenn nicht jener *"Gehörnte"*, der auf eine jahrtausendealte Tradition im vorgeschichtlichen Europa zurückblicken kann?

Die von den heidnischen Priestern Europas betriebene *Magie* wurde von den frühen Christen gern als "Teufelswerk" bezeichnet. Hat der Wackelstein seine Position vielleicht einer derartigen Magie zu verdanken? Unter "Magie" verstehen wir nichts Ominöses oder Mystisches, sondern die Nutzung geheimer, unerforschter Naturkräfte. So gibt es z. B. Hinweise darauf, dass in der Natur nicht nur *Gravitationskräfte*, sondern auch *Levitationskräfte* vorkommen. Gibt es evtl. Methoden, die der Natur innewohnenden Levitationskräfte zu nutzen, um die Schwerkraft aufzuheben? Wie es scheint, kann auch die energetische Verdichtung des Schalls eine Aufhebung der Schwerkraft bewirken. Indische Yogis besitzen angeblich die Fähigkeit, durch Konzentration und Meditation ihre Körperschwere aufzuheben. Was geschieht dabei tatsächlich? Welche unbekannten, noch nicht erforschten Weltkräfte sind hier am Werke?

Von den Priestern des Fernen Ostens wissen wir, dass sie durch Bündelung verschiedener Töne in der Lage waren, schwere Felsbrocken auf hohe Berge schweben zu lassen. Wir würden solches vielleicht für pure Phantasterei halten, wenn es nicht einen durchaus glaubwürdigen Augenzeugenbericht aus dem Jahre 1939 gäbe, der ein solches Geschehen deutlich und in allen Einzelheiten beschreibt. Der schwedische Ingenieur

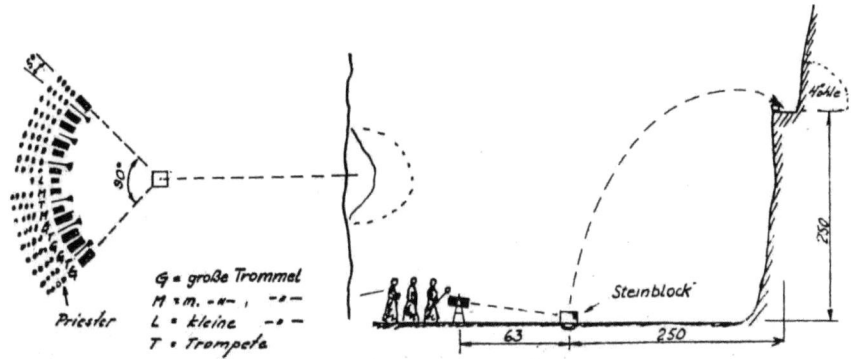

Olof Alexandersson gibt in den folgenden Worten den Bericht seines Landsmannes *Dr. Jarl* wider, der sich in Tibet von der Levitationskraft gebündelter Töne unmittelbar überzeugen konnte (der Berichterstatter hat auch zur Illustration eine kleine Zeichnung beigegeben):

"In einer Felswand, 250 Meter hoch, war ein Loch, als wäre es ein Eingang zu einer Höhle. (....) Mitten auf der Wiese, etwa 250 Meter von der Felswand entfernt, befand sich eine glattgeschliffene Felsplatte, in der wiederum eine Schale mit einem Querschnitt von einem Meter und einer Tiefe von 15 cm ausgehauen war. In diese Schale wurde eben ein großer Steinblock geschafft (....) In einem Abstand von 63 m von der Schale entfernt wurden dann 19 Musikinstrumente aufgestellt, und zwar in einem Viertelzirkel. (....) Als der Steinblock auf seinem Platz war und alle 'Musikanten' und Priester ihre Plätze eingenommen hatten, gab der Priester, der allein hinter der kleinen Trommel stand, das Signal zur Eröffnung des Konzertes. Die kleine Trommel hatte einen scharfen zerreißenden Laut, der immer noch durch den Lärm der anderen Instrumente gehört wurde. Die Mönche, die in der Reihe hinter den Instrumenten standen, sangen unaufhörlich ein Gebet oder Mantra, das von dem ohrenbetäubenden Lärm fast übertönt wurde. *Während der ersten vier Minuten des Trommelns und Blasens geschah nichts. Das Tempo der Musik steigerte sich aber unaufhörlich, und plötzlich fing der Steinblock an, sich hin- und herzuwiegen. Dann schoss er mit einer zunehmenden Geschwindigkeit hinauf in die Höhe in Richtung Öffnung an der Bergwand. Nach 3 Minuten landete er auf dem Absatz vor der Höhle.*"[18]

Tibetkenner haben des öfteren von einer solchen Kunst der Steinbeförderung gehört, jedoch noch nie derartiges mit eigenen Augen gesehen. Nach dem Bericht von Dr. Jarl konnten die Mönche allein durch die Macht ihrer Töne 5 bis 6 Steinblöcke pro Stunde auf einer etwa 500 Meter weiten Flugbahn hinaufbefördern. Haben wir hier das Beispiel einer geheimen Priestertechnik vor uns, die nicht nur in Tibet, sondern überhaupt im Altertum weitverbreitet war? Dem Physiker mag die Erklärung einfallen, dass ein schwingender und stark verdichteter Tonmantel in seinem Inneren durchaus die Schwerkraft aufzuheben vermag. Hier liegt vielleicht die Lösung für viele Rätsel der menschlichen Frühgeschichte: Wie errichteten die alten Ägypter ihre Pyramiden? Die Cheops-Pyramide besteht aus Steinblöcken von einem Gewicht von 2,5 Tonnen bis zu 15 Tonnen. Wie bewegte man, ohne Hebel und Kräne, solche Gesteinsmassen auf die Pyramidenspitze? Wie wurden die Megalith-Heiligtümer erbaut? Wie transportierte man die tonnenschweren Steine von *Stonehenge*? Wurden dabei Levitationskräfte angewendet, von denen wir heute keine Vorstellung mehr haben?

Heidnische Priestermagie mag den Wackelstein in seine jetzige Position gebracht haben; es lässt sich gewiss nicht beweisen, wäre aber immerhin eine Hypothese. Übrigens besitzt der Wackelstein auch eine astronomische Dimension. Dazu muss man sich auf den Sargstein begeben, und zwar auf ein kleines Plateau auf seinem höchsten Punkt. Von dort sieht man genau an den Frühjahrs- und Herbstäquinoktien die Sonne auf dem Kamm von Fels IV entlanglaufen, wie ein Rad, das auf einer Rampe rollt. Eine eigenartige himmelskundliche Beobachtung! Spricht sie nicht auch für die künstliche Anbringung des Wackelsteinfelsens?

Sacellum, ein Sonnenheiligtum

Im obersten Teil des Turmfelsens befindet sich ein kleiner grottenartiger Raum, das *Sacellum* (lat. "kleines Heiligtum"), das in den gewachsenen Fels hineingehauen wurde. Erreicht wird diese "obere Kapelle", wie man den Raum auch nennt, über eine stark gebogene Brücke in schwindeliger Höhe, die in ihrer heutigen Form aus dem Jahre 1811 stammt. Kein anderer Kultraum in der Externsteinanlage gibt so viele Rätsel auf wie das Sacellum. Der Raum ist rechteckig, aber nicht symmetrisch. Ursprünglich war er überdacht; die Löcher für die Stützbalken sind noch gut erkennbar. Aber die Überdachung wurde gewaltsam abgerissen; an der Außenfront sieht man große abgebrochene Flächen, die auf ein Zerstörungswerk von ungeahntem Ausmaß schließen lassen.

Offiziell gilt das Sacellum als eine christliche Felskapelle, und Urkunden belegen eine christliche Nutzung der Externsteine seit der ersten Hälfte des 12. Jahrhunderts. Aber weisen die Zerstörungen nicht darauf

hin, dass hier ursprünglich ein ganz andersgearteter Raum mit anderem Nutzungszweck gewesen sein muss, der erst nachträglich in eine christliche Kapelle umgewandelt wurde? Welchen Zweck sollen sonst die mutwillig vorgenommenen Beschädigungen verfolgt haben? Es wurden ja an der Außenwand riesige Felsteile weggesprengt, fast ein Viertel der Gesteinsmasse, und die hierfür verwendeten Keillöcher sieht man noch heute. So drängt sich geradezu der Verdacht auf, dass genau hier an dieser Stelle ein heidnisches Kultheiligtum gestanden haben muss.

Hierfür spricht auch, dass man den Turmfelsen im Altertum ganz allgemein den "*Turm der Veleda*", der germanischen Seherin nannte. Eine alte Abbildung der Externsteine, der berühmte Kupferstich von Ferdinand Helfreich Frisch von 1748, übertitelt den Turmfelsen mit "*Turris Veledae*". Außerdem steht die ganze, sorgfältig ausgeführte Zeichnung unter der wie ein Motto prangenden Überschrift *Templa manent hodie* – "die Tempel stehen noch heute". Das humanistisch gebildete Publikum der damaligen Zeit erkannte in dem Vers sicher eine Stelle aus Ovid, nämlich aus seinen *Briefen vom Schwarzen Meer*, wo der Dichter einen Tempel der Diana im wilden nördlichen Land Skythien beschreibt, angeblich den Kultort, wo Iphigenie einst den Göttern opferte. Die Verse lauten korrekt: "Heute noch steht ihr Tempel, gestützt auf gewaltige Säulen, / Und über vier mal zehn Stufen gelangt man hinein." Eine deutliche Anspielung auf die Externsteine mit ihren säulenartigen Felszinnen und den zahlreichen Treppenaufgängen, wobei die Anlage mit dem Dianatempel in Skythien auf eine Linie gestellt wird.

Der westfälische Geschichtsschreiber Hermann Hamelman nennt in einer Schrift aus dem Jahre 1564 die Externsteine bereits ein heidnisch-sächsisches „Heiligtum", das Karl der Große 772 zerstört und durch einen christlichen Altar mit Apostelbildern ersetzt haben soll. Die Krönung dieses Heiligtums aber ist ohne Zweifel das Sacellum; hier muss sich das Zentrum des heidnischen Kultgeschehens befunden haben. Was an diesem 5,40 Meter langen und 3,10 Meter breiten Raum besonders auffällt, ist seine exakte astronomische Ausrichtung. Da gibt es eine nach Nordosten gerichtete *Altarnische*, in deren Mitte sich über einem im romanischen Stil gehaltenen Tischaltar ein *kreisrundes Fenster* befindet. Genau am Tag der Sommersonnenwende, am 21. Juni, wirft die gerade über dem fernen Horizont aufgehende Sonne ihren Lichtstrahl durch das Kreisfenster hin-

durch und projiziert einen runden Lichtfleck auf die gegenüberliegende Wand, die an dieser Stelle nischenartig eingelassen ist.

So gibt es eine Ortungslinie, die sich vom Sonnenaufgang zur Sommersonnenwende bei einem Azimut von 48 Grad Abweichung von Nord durch die Mitte des Rundfensters bis zur Hinterwand zieht; dieser Linie entsprach die ursprüngliche Raumachse, die später willkürlich geändert wurde. Sollte damit die Tatsache, dass es sich bei dem Raum ursprünglich um ein Sonnenbeobachtungszentrum gehandelt hat, vertuscht werden? Durch das Kreisfenster konnte auch mit nur wenigen Graden Abweichung das *nördliche Mondextrem* beobachtet werden. Und durch ein Nordwestfenster im selben Raum konnte man auf einer Höhe von 48 Grad östlicher Abweichung von Norden die Sonne zur Sommersonnenwende untergehen sehen. Da der Aufgangspunkt 48 Grad westlich von Norden abweicht, schneidet die Ortungslinie des Nordwestfensters die alte Raumachse um genau 90 Grad. Wir haben es also hier mit exakter Himmelsbeobachtung zu tun, die nicht von einem primitiven rückständigen Volk stammen kann, sondern fundierte astronomische und messtechnische Kenntnisse voraussetzt.

Das Sacellum muss schon früh als Sonnenheiligtum gedient haben, mindestens seit der Bronzezeit, vielleicht gar seit der Jungsteinzeit. Als Zentrum eines sowohl astronomischen als auch kultischen Stern- und Sonnendienstes müssen die Externsteine für die Vorzeitmenschen überragende Bedeutung besessen haben, zusätzlich zu ihrer exponierten Lage als Zentrum und Schnittpunkt europaweiter geomantischer Kraftlinien. Seit der Karolingerzeit, mit der Einführung des Christentums, war die Beobachtung der Himmelskörper an den alten Felsheiligtümern bei Strafe verboten. Die fränkischen Bischöfe bemühten sich, neue Verfahren der Zeitberechnung einzuführen; an die Stelle der altgermanischen und vorzeitlichen Himmelskunde traten nun griechische Sternsagen, die Kosmologie Platons, die Berechnung der Jahresfeste durch griechische Kirchenväter. So sollte die Erinnerung an ein einst heiliges kosmisches Wissen getilgt werden. Und noch heute wird von der Kirche nahestehenden Autoren vehement abgestritten, dass sich bei den Externsteinen eine "germanische Kultstätte" befunden haben soll.

Das System der Belchenberge

Das Belchensystem

Maßstab 1 : 1 000 000

Messungen :
A.Bohnert

FRANKREICH   DEUTSCHLAND

1. B.- Belchen
2. BF.- Bölchenfluh/Belchen
3. Els.B.- Elsässer Belchen
      (Ballon d'Alsace)
4. Gr.B.- Großer Belchen
      (Grand Ballon)
5. Kl.B.- Kleiner Belchen
      (Petit Ballon)

● Berge
☼ Sonnenaufgang
✺ Sonnenuntergang

SCHWEIZ

D as Externsteinheiligtum als Sonnenkultzentrum lässt sich gut mit dem von Kelten in Südwestdeutschland einstmals benutzten *Belchensystem* vergleichen. Seit der frühen Eisenzeit, der Hallstattkultur, haben keltische Stämme im Markgräflerland gelebt, aber dass diese Ur-Kelten auch über hohe astronomische Kenntnisse, entsprechende Messtechniken und ein ausgefeiltes kalendarisches System verfügt haben, ist weniger bekannt. Unter dem Belchensystem versteht man ein vorzeitliches Ortungssystem, das sich an geographischen Fixpunkten ausrichtete,

44

nämlich an fünf etwa gleichhohen Bergen im Schwarzwald, in den Vogesen und im Schweizer Jura, die alle den Namen "*Belchen*" tragen. Es handelt sich um den Belchen in Baden (1414 m), den Ballon d´Alsace (1247 m), den Grand Ballon (1423 m) und den Petit Ballon (1267 m), alle drei im Elsass, sowie den Bölchenfluh in der Schweiz (1123 m). Kann es ein Zufall sein, dass diese fünf Berge alle denselben Namen tragen?

Des Rätsels Lösung mag darin liegen, dass der Ursprung des Namens "*Belchen*" offensichtlich keltisch ist. In den 30er Jahren hat sich vor allem unter deutschen Sprachwissenschaftlern die Auffassung durchgesetzt, dass der Name auf alemannische Herkunft zurückgehe. Das Wort sei auf die indogermanische Wurzel "*bhel*" gleich "schimmernd", "leuchtend", "weiß" zurückzuführen. Der Name beziehe sich auf die weithin sichtbaren weißen Stirnplatten bzw. die kahlen Gipfel als Kennzeichen der betreffenden Berge. Allerdings waren die Hochebenen der Belchenberge zur Zeit der Kelten noch dicht bewaldet.

Die Forscher Walter Eichin und Andreas Bohnert[19] kamen zu dem Schluss, dass die Belchen vorgermanische Kultstätten waren und mit ihren heutigen Namen in deutscher wie französischer Form an den von den Kelten einst verehrten Gott erinnern wollen. Ob dies der gallorömische *Apollo-Belenus* oder *Mars Belada*, der Sonnen- und Kriegsgott gewesen ist, mag dahingestellt bleiben. "Belchen" dürfte später vom keltischen Bergnamen "*Bel(a)ka*" ins Alemannische übernommen worden sein. Aufgrund von jahrzehntelanger Fehldeutung der Sprachforscher ist die geradezu auffällige "Visier"-Beziehung zwischen den Belchen-Bergen in Schwarzwald, Vogesen und Jura der Keltenforschung bisher entgangen. Die Visurlinien über die Belchengipfel markieren eindeutig die Stationen des Sonnenjahres mit seinen wechselnden Vegetationsperioden, deren Bedeutung für eine vorwiegend von Landwirtschaft lebende Bevölkerung gar nicht hoch genug veranschlagt werden kann. Die Visurlinien, von keltischen Druiden entdeckt, markieren die Sonnenauf- und –untergangspunkte zur Sommer- und Wintersonnenwende. Im Zentrum aller Beobachtungslinien stand der *Elsässer Belchen* ("Ballon d´Alsace"). Von dort aus konnte man, klares Wetter vorausgesetzt, den Sonnenaufgang zum Mittsommer über dem Kleinen Belchen, zur Frühjahrstagundnachtgleiche über dem Schwarzwälder Belchen und zur Wintersonnenwende über

dem Jurabelchen beobachten. Genau umgekehrt funktionierte es mit den entsprechenden Sonnenuntergängen. Ein perfektes Ortungssystem!

Dem höchsten der Belchenberge, dem *Grand Ballon* in den Vogesen, kam noch eine besondere Bedeutung zu, denn die Visurlinie von ihm zum Elsässer Belchen ermöglichte die Bestimmung zweier typisch keltischer Jahresfeste: *Samuin*, das Totengedenkfest am Vorabend zum 1. November; und *Beltaine*, das traditionelle Frühjahrsfest der Kelten am Vorabend zum 1. Mai. So konnte man vom Gipfel des Grand Ballon zu Samuin die Sonne über der Spitze des Elsässer Belchen untergehen sehen; und umgekehrt sah man auf dem Elsässer Belchen stehend zu Beltaine die Sonne über dem Grand Ballon aufgehen! Was muss das für die Menschen der damaligen Zeit bedeutet haben! Das waren für sie, Kinder einer ganz anderen Zeit, nicht bloß wissenschaftliche Beobachtungen; sie betrieben nicht Astronomie aus intellektueller Neugier. Vielmehr konnten diese Menschen im kosmischen Geschehen und im Jahreskreis schöpferisches Götterwalten sehen. Sonne und Mond, das waren nicht tote Himmelskörper, sondern geisterfüllte, göttliche Wesenheiten. Zum *Beltaine*-Fest wurden dem Gott Bel zu Ehren überall heilige Feuer entzündet – vermutlich auch auf den Gipfeln aller fünf Belchenberge. Was für ein Empfinden muss es für diese Menschen gewesen sein, am Vorabend des 1. Mai von all diesen Bergen die Feuer des Bel leuchten zu sehen!

Eine Parallele zwischen dem südwestdeutschen Belchensystem und den Externsteinen mag darin liegen, dass beide Naturkunstwerke, in gewisser Weise Naturtempel sind. Niemand hat die fünf Belchenberge künstlich so angelegt, dass sie die Stationen des keltischen Sonnenjahres markieren; sie standen nun einmal so, und die sternenkundigen Druiden haben es entdeckt. Ähnlich wurden auch die Externsteine durch Naturgewalten aufgerichtet und geformt; ursprünglich die Uferdünen eines Jurameeres, haben Jahrmillionen lang Wind, Wasser und Erosion ein Spiel mit diesen Felsen getrieben und sie mit seltsamen Zeichnungen versehen, bis irgendwann Menschen kamen, um das Geschaffene mit eigener Kraft umzuschaffen. Und noch eine zweite Parallele zwischen beiden Kultstätten gibt es – sie waren beide dem *Sonnengott* geweiht, also beide waren "apollinische" Mysterienstätten.

Die Grotten der Externsteine

Mit seiner wuchtigen kubischen Gestalt wirkt der Grottenfelsen wie ein großer steinerner Naturtempel. Ganz in sich ruhend, scheint er das eigentliche spirituelle Zentrum der Externsteinanlage darzustellen. Tief in den Eingeweiden des Felsens befinden sich drei von Menschenhand angelegte Höhlen, durch tür- oder fensterartige Durchstöße auch von außen erkennbar, nämlich: 1. Die Petrusgrotte / Kuppelgrotte, 2. Die Hauptgrotte, 3. die Nebengrotte / Sakristei.

Die *Petrusgrotte* verdankt ihren Namen einer neben ihrem Eingangstor in die Wand eingemeißelten menschlichen Gestalt, die man christlich als "Petrus" deutete. Die Petrusgrotte ist nichts als ein schmaler Durchgang mit einer breiteren Kuppel darüber; deshalb wird sie zuweilen auch "*Kuppelgrotte*" genannt. In ihrer ungeometrischen Gestalt, der schrägen Richtung und der eigenartigen Wölbung im oberen Teil, an der die Natur stark mitgearbeitet haben muss, wird sie als eine der ältesten Anlagen an den Externsteinen gesehen. Von ihrem Inneren zweigt ein anfangs breiter, später schmaler werdender *Lichtschacht* in Richtung auf das an der Au-

ßenwand angebrachte Kreuzabnahmerelief ab und mündet unterhalb des Reliefs im Bereich der Drachenabbildung ins Freie.

Die *Hauptgrotte* zeigt sich uns als ein großer rechteckiger Raum von 10 Metern Länge und 3 Metern Breite und mit flacher Decke. Im Boden rechts an der Wand sieht man eine kesselartige Vertiefung, die immer wieder die Phantasie der Menschen anregte und sie zu den verschiedensten Deutungen veranlasste. War sie eine "Abfallgrube für sakralen Unrat", ein "Blutloch", in dem die alten Germanen ihre schauerlichen Opferriten vollführt haben sollen (welche?), oder überhaupt nur ein "Taufbecken" für die christlichen Mönche?

Im hinteren Teil der Hauptgrotte schließt sich rechtwinklig die *Nebengrotte*, die sogenannte *Sakristei* an, sodass der ganze Höhlenkomplex eine L-Form aufweist. Gegenüber einer Wandnische befindet sich ein großes galgenförmiges Zeichen, von ungeübter Hand in die Wand geritzt, das man zuweilen als zwei umgekehrt stehende, oben waagrecht miteinander verbundene Yr-Runen deutete. Andere sehen in dem Bild schlichtweg einen Galgen und verweisen darauf, dass die Höhlen der Externsteine im 18. Jahrhundert auch als Gefängnisse dienten. Was allerdings bis auf den heutigen Tag nicht nachgewiesen wurde.

Der Zugang zu dem gesamten Grottensystem erfolgt durch die *Adlertür*, so genannt wegen der adlerförmigen Vertiefung über dem Eingang. Eine ungefähr gleichgroße Öffnung rechts daneben muss wohl der ursprüngliche Eingang gewesen sein. Im Inneren der Hauptgrotte gleich neben der Tür bezeugt eine lateinische Inschrift, dass dieser Raum im Jahre 1115 von einem Paderborner Bischof namens Heinrich zur Kapelle geweiht wurde. Die Weihinschrift lautet in Deutsch: "*Im Jahre nach der Geburt des Herrn 1115, am 4. Tag vor dem 1. September wurde diese Kapelle geweiht von Bischof Heinrich von Paderborn*"[20].

Also eine christliche Kapelle! Wie war es um die Vorbildlichkeit der dort wohnenden Mönche bestellt? Am Ende des 16. Jahrhunderts notierte der Verdener Abt Heinrich Duden, dass die an den Externsteinen hausenden Klausner oder Einsiedler "*wegen ausgeübter Räuberei gefasst, verjagt und ausgerottet*" worden seien. Noch schärfer geht der evangelische Pfarrer Johannes Piderit, genannt Pideritius, mit den dortigen Eremiten ins Gericht. In deftigem Lutherdeutsch berichtet er, der Teufel selbst habe "*die Geistlichen und Diener der Kapellen zu allerhand Unordnung, Unzucht, Mordt*

und Rauben beredet", so dass sie "den frembden Reisenden Tag und Nacht heimblich in Holtz und Felde nachgefolgt, das Ihrige abgenommen, auch offt ermordet und umb das Leben gebracht" hätten (in seinem Chronicon comitatus Lippiae, 1627 in Rinteln erschienen). Zu Raubmördern und Wegelagerern sind die in den Kapellen der Externsteine lebenden Mönche also im späten Mittelalter degeneriert!

Von christlichen Autoren, allen voran dem schon erwähnten Paderborner Theologieprofessor Dr. Alois Fuchs, wird die These vertreten, sämtliche Anlagen, Kunstwerke und Grotten an den Externsteinen seien erst im Mittelalter entstanden, und zwar von Mönchen als Nachahmung der Felsheiligtümer in Jerusalem geschaffen worden. Eine vorchristliche, gar germanische "Kultstätte" hätte es an diesem Ort nie gegeben. Die 1115 zur Kapelle geweihte Hauptgrotte wird als eine primitive Nachahmung der Helenenkrypta in Jerusalem, der Kreuzauffindungsgrotte und der Adamsgrotte am Fuße des Golgathafelsens ausgegeben. Aber allein schon das Sacellum mit seiner Ausrichtung auf die Sommersonnenwende spricht dagegen. Solche solarkultische Architektur war eher typisch für die europäische Bronzezeit. In der Kuppelgrotte hat man an den Wänden Brandspuren gefunden, die auf die Zeit von 1500 bis 700 v. Chr. datiert werden. Zu dieser Zeit müssen die Höhlen also schon existiert haben!

Die schlafende Dame im Hypogäum von Malta

Der Sargstein – ein Rätsel

Noch weitere Besonderheiten weist der Grottenfelsen auf; dazu gehört vor allem der an seinem Fuße etwas abseits stehende sogenannte *Sargstein*, ganz in der Nähe des aus den Fluten der Wiembeke gespeisten Stausees. Auch dieser Sargstein will so gar nicht ins christliche Bild passen. Eine alte ausgetretene Treppe führt zu ihm herunter: ein gewaltiger, notdürftig behauener Monolith, der sehr archaisch wirkt und überhaupt nicht den romanischen Stil der karolingischen Zeit aufweist. Der "Sarg" befindet sich in einer in den Fels eingelassenen, von einem Rundbogen überwölbten Nische. Im Sargboden gibt es eine mumienförmige Vertiefung, in die ein Mensch genau hineinpasst. Aber es fehlt eine Deckplatte! Der Sarg lässt sich weder von oben noch von vorne verschließen!

Es kann sich also nur um einen Kunstsarg gehandelt haben, nicht um eine reale Begräbnisstätte. Aber welchen Zweck verfolgte man damit? Gab es irgendeinen Kult, eine Einweihung oder Mysterienhandlung, in deren Mittelpunkt dieser Steinsarg stand? Man hat einen "Schwursarg" vermutet, in den sich der Stammesfürst in Gegenwart des Priesters hineinlegen musste, um einen Eid zu bekräftigen. Eine andere Deutung erscheint plausibler. Zu jeder vorchristlichen Mysterienstätte seit den Tagen der Jungsteinzeit gehörte ein Ruhelager, auf dem der Aspirant auf die Weihen gelegt und in einen *initiatischen Tempelschlaf* versetzt wurde. Während des Schlafes konnte der Adept Visionen erschauen und jenseitige Welten bereisen, dieweil sein Körper leblos in einem totenähnlichen Zustand dalag. Man mochte ihn äußerlich fast für tot halten; aber nach drei Tagen wurde er von sachkundigen Priestern aus diesem Zustand wieder "erweckt", und er konnte innerlich erneuert "auferstehen".

Die Darstellung einer im Tempelschlaf liegenden Priesterin stammt aus den steinzeitlichen Sanktuarien auf der Insel Malta. Auf dem maltesischen Archipel, 80 km südlich von Sizilien, auf der Grenzscheide zwischen Europa und Afrika, entwickelte sich ab 4500 v. Chr. eine ganz einzigartige megalithische Tempelkunst, die im Bannkreis eines starken religiösen Erlebens stand. Im Hypogäum des Steintempels von *Hal Saflieni* fand man eine kleine rotbemalte Terrakottaplastik, die als die "*schlafende*

Dame" berühmt wurde. Die Archäologin Sibylle von Reden hält diese Figur für das "Bildnis einer Seherin, die im heiligen Schlaf die Botschaft der Unteren Mächte empfängt", und sie meint, dass solche Figuren "Rückschlüsse auf den Kult und auf bestimmte Riten wie den Tempelschlaf erlauben, der noch in der Antike allgemein geübt wurde"[21].

Das Kreuzabnahmerelief

Besondere Beachtung verdient das an der Frontseite des Grottenfelsens angebrachte *Kreuzabnahmerelief* [Abb. links], das der Frühzeit der Christianisierung angehören dürfte und den Einfluss byzantinischer Kunst unschwer verrät. Einmalig in seiner Art und Größe – ein in die Naturfelswand eingehauenes 5 Meter breites und 5,50 Meter hohes Doppelrelief – steht es am Anfang der christlichen Monumentalplastik als das bedeutendste Zeugnis dieser Art im gesamten nordwesteuropäischen Raum. Wahrscheinlich zwischen 816 und 822 entstanden, steht es im Zusammenhang mit der Gründung des Klosters *Corvey*, das wohl die Aufgabe hatte, die Externsteinanlage in ihrer Rolle als Kultzentrum abzulösen. Bevor das Kloster im Jahre 822 an die Weser umzog, versuchte man die Gründung an einem anderen Ort, an dem "die feindlich gesinnte Macht des Götzen und der Kult des heidnischen Heiligtums das gesamte bebaute Land in Unehre versetzt hat"[22], wie der Augenzeuge Radbert berichtet. Dieser ursprüngliche Ort war ohne Zweifel das Externsteinheiligtum! Da dessen Umwandlung in ein Kloster offensichtlich nicht gelang, blieb das Kreuzabnahmerelief unvollendet.

Das Motiv der Kreuzabnahme geht auf das Johannesevangelium 19, 38-42 zurück und ist ohne Zweifel christlich; aber bei näherem Hinsehen erweist sich das Relief als eine abenteuerliche Mischung aus Christlichem und Heidnischem. Im Mittelpunkt der Bildkomposition steht ein großes gleichschenkliges Kreuz, und zwei Männer bemühen sich um den vom Kreuz sachte herabgleitenden Christus – auf der rechten Seite Nikodemus, ein Oberster der Juden, *der auf einer seitlich abgebogenen Irminsul steht*, auf der linken Seite Joseph von Arimathea, den die Legende später mit dem Heiligen Gral in Verbindung brachte. Noch weiter links steht die Gottesmutter Maria, die das Haupt des zu ihr herabgeneigten Christus umfasst. Abseits vom Hauptgeschehen ganz rechts sehen wir den Jünger Johannes mit einem Buch in der Hand, dem nach ihm benannten Evangelium. Oberhalb des Geschehens nehmen links und rechts *Sonne und Mond* trauernd Anteil; sie haben menschliche Gesichter wie Götter und *halten Schleier in den Händen*. Zwischen ihnen ganz oben erscheint als Halbfigur Gottvater, auf Maria und seinen Sohn mit der Hand weisend; in der ande-

ren Hand hält er eine Siegesfahne. Im unteren Teil der Abbildung, durch eine waagrechte Bodenleiste getrennt, umschlingt ein Drache das erste Menschenpaar Adam und Eva.

Stilistisch sind die Vorbilder des Reliefs in der frühen byzantinischen Buchmalerei zu suchen; aber in der Gestaltung der Hauptfiguren und in der Gesamtkomposition zeigt sich ein überragender Meister, der die Starrheit seiner Vorbilder überwand und das Kunstwerk den besonderen Verhältnissen der freien Natur anpasste. Aber auch geheime Botschaften hat der Meister in das Relief eingebaut. Dass hier Sonne und Mond als Götter gezeigt werden, mag darauf hinweisen, dass der Externsteintempel ursprünglich ein Sonnen- und Mond-Heiligtum war. Die Schleier in den Händen der Gestirngötter scheinen auf Sonnen- und Mondfinsternisse hinzuweisen, die man an den Externsteinen sicher rechnerisch vorhersagen konnte. Und schließlich die gebogene Irminsul zu Füßen des Nikodemus – sollte sie ein Hinweis darauf geben, dass genau hier an diesem Ort die *Irminsul*, die große Kultsäule der Heiden, einmal gestanden hat?

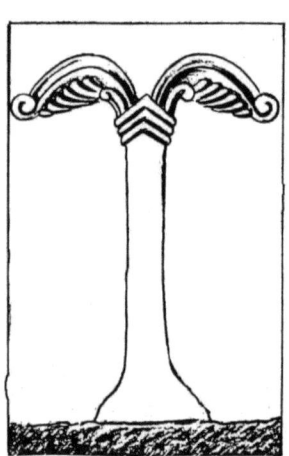

Irminsul – der Lebensbaum

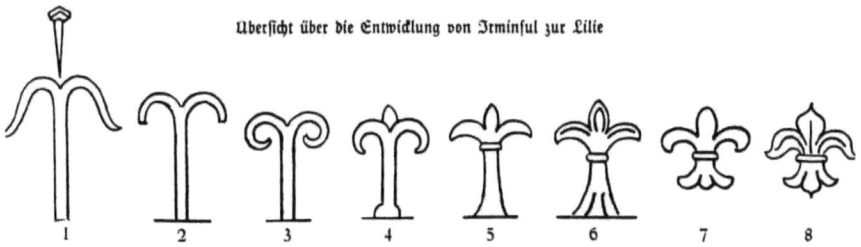

Überficht über die Entwicklung von Irminful zur Lilie

1. Religiöses Symbol des keltischen Gottes „Sucellus"
2. Im Bogenfeld der Kirche Althadersleben
3. Vom Taufstein in Riesebp, Kreis Eckernförde
4. Im Bogenfeld der Kirche zu Haubersbronn
5. Im Bogenfeld der Kirche zu Aue, Kreis Zeig
6. Im Bogenfeld von Elstertrebnig
7. Im Bogenfeld zu Offig
8. Grabstein des Johannes von Weingaarten. Eisenach

Noch zur Zeit der Sachsenkriege kannten die Germanen eine Verehrung der himmelragenden Weltensäule, der Irminsul. Der Mönch Rudolf von Fulda berichtet im Jahre 865 über die Bräuche der heidnischen Sachsen: "Laubreichen Bäumen und Quellen brachten sie Verehrung dar. Sie verehrten auch einen Baumstamm von nicht geringer Größe, der hoch hinauf unter freiem Himmel errichtet war. In der Sprache ihrer Väter nannten sie ihn *Irminsul*; lateinisch bedeutet das die Allsäule, da sie gleichsam alles stützt."[23] Betrachten wir die verschiedenen Abbildungen der Irminsul, die uns zur Verfügung stehen, so erscheint sie dort als ein palmenartiger Baum; der gedrungene Stamm mündet in einen Blattschopf, aus dem zwei mächtige gerippte Blätter in zwei Richtungen ausschlagen. Der breite Fuß, die Dicke des Stammes und der Blattschopf erinnern an eine Dattelpalme, die im Alten Orient als Symbol für den immergrünen Lebensbaum galt.

Der immergrüne Lebensbaum ist ein aus Urtagen stammendes Symbol für die Einheit und Ganzheit des Universums. Tief verwurzelt im Erdreich und mit weitausladender Gestalt in den Himmelsäther aufragend, hält der Lebensbaum Himmel und Erde zusammen, Weltachse und Stützpfeiler aller Welten. In diesem Sinne kann der Lebensbaum auch als der Weltenbaum gelten, da er alle Lebensphänomene im Rahmen einer großen irdisch-kosmischen Harmonie in sich beschließt. Die Urgeschichtsfor-

scherin Britta von Verhagen hält es für wahrscheinlich, dass schon "die Altsteinzeitjäger den Weltbaum-Weltstützer-Kult kannten", und sie meint: "Der Weltstützer dürfte wohl das erste und älteste Gottesbild der Menschheit überhaupt sein, es ist zugleich das tiefsinnigste"[24]. In der germanischen Mythologie begegnet uns das Weltstützer-Motiv in Gestalt der Weltenesche Yggdrasil. In dunkler geheimnisvoller Sprache heißt es in der *Edda*, der aus Island stammenden Sammlung germanischer Götterdichtung:

> Eine Esche weiß ich, sie heißt Yggdrasil
> Die hohe, benetzt mit hellem Nass;
> Von dort kommt der Tau, der Täler fällt;
> Immergrün steht sie am Urdbrunnen.[25]

Ein ganzes Weltbild spannt sich am Ursymbol der Weltenesche Yggdrasil auf. Als der heilige Baum Odins umfasst Yggdrasil alle neun Weltebenen, von der Unterwelt, dem Jenseits oder Totenreich, über die Oberwelt mit dem Mineralreich, dem Elementarreich, dem Menschenreich und den verschiedenen okkulten Naturreichen bis hinauf zu den höchsten Ebenen der Überwelt, den Reichen der Lichtelfen, der Vanen und der Asen. Die Asengötter wohnen in Walhall auf des Weltenbaums Spitze, während das Reich der Zwerge und die Totenwelt Hel in den unergründlichen Wurzeltiefen Yggdrasils verborgen bleiben. Ein solches Weltbild bleibt keineswegs auf den europäischen Norden beschränkt; es findet sich auch im Alten Indien. Und zwar als der Baum Krishnas, der Feigenbaum *Ashvattha*, der mit seinen Wurzeln im Himmel gründet und mit seinen Früchten die Erde berührt. Die folgenden Verse aus der *Bhagavad Gita* lassen deutlich die große Gemeinsamkeit zwischen germanischem und indischem Denken erkennen:

> Man sagt, dass Ashwattha, der Feigenbaum,
> Der seine Wurzeln hoch im Himmel hat,
> Und dessen Zweige sich zur Erde senken,
> Geheiligt sei. – Wer ihn kennt, kennt das All.
> Aufwärts und abwärts streben seine Blätter;
> Und durch die Eigenschaften der Natur
> Genährt, entspringen seine Wurzeln stets

Aufs neu den Werken, die der Mensch vollbringt.
Auf dieser Erde wird der Baum des Lebens,
Sein Ursprung und sein Ende nicht erkannt;
Wer aber mit dem Schwerte der Entsagung
Von seinem Herzen diese Wurzeln trennt,
Der geht zum Höchsten ein, in jene Wohnung,
Von der, wer sie erreicht hat, nimmermehr
Zurück sich sehnt; zur Quelle aller Wahrheit
Aus der der Strom des Lebens ewig fließt.[26]

Da der Weltenstützer-Kult zum ältesten Religionsgut der Menschheit gehört, spielt er auch in der Welt des Schamanismus – etwa der innerasiatischen oder zentralsibirischen Völker – eine entscheidende Rolle. Für die Schamanen, die magiekundigen Stammespriester nomadisierender Jäger- und Hirtenvölker, ist der Weltenbaum offensichtlich ein Symbol der Einweihung gewesen, worauf auch Holger Kallweit in seinem Buch *Traumzeit und innerer Raum* (1984) hinweist. Er schreibt dort unter anderem: "Der Weltenbaum, die *Axis mundi*, die Himmel, Erde und Unterwelt verbindet, gilt als Öffnung oder Kanal zu anderen Seinsbereichen. Götter und Jenseitige steigen an ihm auf die Erde herunter oder die Seelen der Lebenden in den Himmel empor. Diese kosmische Achse hält das Weltall im Gleichgewicht und stellt gleichsam sein Zentrum dar. (....) Der Weltenbaum ist auch der Lebensbaum, der Fruchtbarkeit und Regeneration des Lebens sowie Unsterblichkeit verkörpert. Wer ihn erklimmt, steigt zu wirklichem Leben auf. Und je höher er klettert, um so vollkommener wird seine Erfahrung kosmischer Einheit und der Verbundenheit allen Lebens."[27]

In der religiösen Vorstellungswelt der Maya-Indianer Mittelamerikas finden wir dieselbe esoterische Urlehre: ein Drei-Welten-Universum, gegliedert in Himmel, Erde und Unterwelt, das durch einen senkrecht verlaufenden Weltenstützer-Baum zusammengehalten wird. Zuoberst lag nach dem Glauben der Maya das bestirnte Himmelsgewölbe, darunter die steinige Mittelwelt der Erde, und zuunterst ergossen sich die schwarzen Wasser der Unterwelt. Alle drei Seinsdimensionen durchdringen sich jedoch, bilden in ihrem Zusammenwirken ein einheitliches Ganzes. Zudem stellte man sich diese drei Bereiche als lebendige Wesen vor, den Himmel als ein riesenechsenartiges Ungeheuer, die Erdoberfläche als den

Rücken einer gigantischen Schildkröte, und das Tor zur Unterwelt gleicht dem geöffneten Rachen einer bärtigen Riesenschlange. Die Erde gliederte sich in die vier Weltgegenden Norden, Süden, Westen und Osten, wobei jeder ein bestimmter Baum, ein Vogel, eine Farbe und eine im Ritual anzurufende Gottheit zugeordnet wurde. Die Weltmitte durchlief senkrecht eine kosmische Achse in Gestalt eines Baumes, die von den Maya *wacah chan* – das heißt "sechs Himmel" oder "aufgerichteter Himmel" – genannt wurde. Diese kosmische Achse verband alle drei Welten zu einem lebendigen Ganzen.

Da sehen wir es also wieder, dieses uralte atlantisch-hyperboreisch-polarische Symbol des immergrünen Welten- und Lebensbaumes, Ausdruck der Kosmologie einer längst versunkenen polarischen Urkultur ("*Thule*"). Die Parallele zur germanischen Weltenesche Yggdrasil, zum indischen Ashvatthabaum, zum kabbalistischen Sephirothbaum, zum sibirischen Schamanenbaum fällt deutlich genug ins Auge. Denn alle Weltkulturen, auch die altamerikanische, gehen letztlich auf einen einheitlichen Ursprung zurück, nämlich auf eine Menschheits-Urkultur, die man im Hinblick auf ihre geographische Lage als "arktisch-polar" bezeichnen kann. Alle hier erwähnten Weltenbäume, Weltachsen und Weltsäulen sind letztlich nur verschiedene Abwandlungen der Ursäule, die ursprünglich als "Nordsäule" (griech. *stele boreios*) im fernen Thule stand, dann nach Atlantis verpflanzt wurde und zuletzt über die Megalithvölker Eingang in die Welt der Indogermanen fand. Die Germanen nannten dieses universale, weltweit verbreitete Symbol "*Irminsul*", nach ihrem Gott *Irmin*, ähnlich wie schon vorher die Atlanter die Weltsäule mit der Figur des *Atlas* identifizierten.

Nach der Ausmerzung des Heidentums in Europa entwickelte sich aus dem Symbol der Irminsul das der *Volute,* und aus diesem die französische Königslilie – Wandlungen eines Ursymbols durch die Jahrhunderte der abendländischen Kulturgeschichte. W. Wirth führt aus: "Über Jahrtausende hinweg bleibt das Symbol (der Voluten) in seiner ursprünglichen Bedeutung erhalten. Noch die Fürsten des späteren Abendlandes tragen es, wie die der Antike, als Zepter oder heiliges Emblem. So ist das Zeichen der französischen Lilie in hethitischen, assyrischen und skythischen Beispielen vorgebildet."[28] Man findet die Irminsul, verdeckt oder offen, in

unzähligen Kirchen, an Denkmälern, Lichtsäulen, Stiegen, Treppenaufgängen, Schränken, Truhen, in der Silber- und Goldschmiedekunst.

Es ist eine reizvolle Frage, ob sich ein Abbild der Irminsul im Heiligtum der Externsteine befunden hat. Rudolf von Fulda beschrieb die Irminsul als *"Baumstamm von nicht geringer Größe, der hoch hinauf unter freiem Himmel errichtet war"*. Es muss sich also um ein Holzidol gehandelt haben. Als Position wird das Gipfelplateau des Turmfelsens vermutet, das ursprünglich vom Sacellum über eine kleine Wendeltreppe erreicht werden konnte. Noch heute sieht man Reste der alten Treppe neben der Altarnische. Auf dem Gipfelplateau gibt es im Boden eine Vertiefung von ca. 27 cm Durchmesser, die als Halterung eines Holzidols oder hölzernen Pfahls gedient haben kann. In den Fränkischen Annalen schrieb der Mönch Rudolf zum Jahr 772: *"Karl (der Große) eroberte die Eresburg, gelangte zur Irminsul und zerstörte das Heiligtum dortselbst."*[29] Nun befindet sich die Eresburg, eine Fluchtburg der Sachsen, in der Nähe der Externsteine. Zwar hat man auch die Iburg bei Bad Driburg oder den Paderborner Domplatz als Standort der Irminsul vermutet – aber welcher Platz käme eher in Frage als die Externsteine? Diese waren nicht irgendein Kultplatz der Germanen, sondern *die zentrale Mysterienstätte Mitteleuropas*, am Schnittpunkt europaweiter Kraftlinien und Reisewege gelegen, ein Ort von geomantisch und kosmisch höchster Bedeutung.

Wohnort der Seherin Veleda?

Templa manent hodie Ovid Tr. 3. 2. v. 49

Velleda turris

Bei den politischen Kämpfen, die durch die Übergriffe Roms gegen das freie Germanien entstanden, spielten die Externsteine eine entscheidende Rolle – nicht vordergründig etwa, als umkämpftes Objekt, sondern vielmehr als die im Hintergrund stehende spirituelle Macht, die den Freiheitskämpfern Germaniens immer wieder Mut und Tatkraft einflößte. In den Jahren 55 und 53 v. Chr. überschritt Cäsar den Rhein, um die Sugambrer und andere Sueben zu schrecken; aber einen Vormarsch wagte er nicht, ja er brach sogar die Brückenenden auf der rechten Flussseite im Land der Ubier ab und zog sich zurück. Aber *Kaiser Augustus* fasste wohl zuerst den Entschluss, die Rheingrenze durch feste Kastelle zu sichern und das bis dahin freie Germanen bis zur Elbe zu erobern.

Die militärischen Unternehmungen leiteten die Stiefsöhne des Kaisers, *Tiberius* und *Drusus*. Bei der versuchten Eroberung Germaniens durch die Römer spielten die Flüsse Ems, Weser, Lippe und Elbe eine wichtige Rolle, ermöglichten sie doch eine Umgehung feindlicher Stammesgebiete von

der Wasserseite aus, boten bequemere Wege und schnelleres Vorankommen. Auch zu Lande gelang der Vorstoß am Lauf der Lippe entlang bis zur Weser, nicht ohne dabei manche Gefahr zu überstehen. Im Jahre 9 v. Chr. konnte Drusus "nicht ohne Mühe" bis zur Elbe vordringen, wo ihm nach Cassuis Dio eine germanische Priesterin von riesenhafter Körpergröße entgegentrat, ihn zum Rückzug mahnte und sein baldiges Ende prophezeite. Jedenfalls stürzte Drusus auf dem Rückweg so unglücklich vom Pferd, dass er wenige Tage später an der zugezogenen Verletzung starb. Der "*Eigelstein*" bei Mainz gilt als das "Ehrengrabmal" des Drusus, obwohl seine Leiche an einem anderen Ort bestattet wurde.

Am bekanntesten wurde die von Tacitus in seinem Geschichtswerk *Germania* erwähnte Seherin *Veleda* aus dem Stamme der Brukterer, die zwischen der Ems und den Quellen der Lippe siedelten, also in unmittelbarer Nähe der Externsteine. Wie ein göttliches Wesen soll sie von den Germanen verehrt worden sein: "Ja, die Germanen meinen sogar, den Frauen sei eine gewisse Heiligkeit und eine seherische Gabe eigen, und so verschmähen sie weder ihren Rat, noch verachten sie den erteilten Bescheid. *Wir haben unter dem göttlichen Vespasian die Veleda gesehen, die lange Zeit bei nicht wenigen Germanen als göttliches Wesen anerkannt war;* aber auch schon in alter Zeit haben sie die Albruna und mehrere andere verehrt, nicht in kriecherischer Unterwürfigkeit und nicht in der Meinung, sie machten sie erst zu Göttinnen."[30]

Beim Aufstand der Bataver gegen Rom der Jahre 69-70 habe die Veleda von einem Turm aus nach den Brandzeichen des Krieges Ausschau gehalten und dabei auf die geheimnisvolle Stimme in ihrem Inneren gelauscht. Ihre Weissagungen schienen den Römern so gefährlich, dass sie die Priesterin gefangen setzten; es heißt, sie soll von Vespasian im Triumphzug durch die Straßen Roms geführt worden sein. Den Rest ihres Lebens soll sie in einem Tempel südlich von Rom zugebracht haben. Die grauhaarigen, barfüßigen Wahrsagerinnen der Kimbern bei Strabo, mit linnenem Wams angetan und mit ehernen Spangen gegürtet, die gefangene Krieger schlachteten und aus dem Blut im Opferkessel weissagten, erscheinen wie grauenhafte Hexen gegenüber der brukterischen Jungfrau, die neben der Divination ihr priesterliches Amt ausübte.

Welche übermenschliche Verehrung Veleda genoss, geht aus einer anderen Stelle bei Tacitus hervor. Er berichtet dort, dass die Tenkterer, die sich dem Aufstand der Bataver gegen Rom anschließen wollten, Gesandte zu ihr schicken wollten: "Vor Veleda selbst aber zu erscheinen und sie anzureden, wurde ihnen nicht erlaubt. Man verehrte ihren Anblick.... Einer ihrer Verwandten, der zu diesem Dienst ausersehen war, überbrachte die Fragen und Antworten, als wäre er Mittelsperson gegenüber einer Gottheit...."[31] Es wäre möglich, dass ein ganzes Priesterkollegium im Umfeld der Veleda existierte, ähnlich wie beim Orakel von Delphi eine Gruppe von Priestern den Ausspruch der Pythia zu übermitteln und zu deuten hatte. Es wäre auch denkbar, dass den Externsteinen als Orakelstätte mit ständig dort wohnender Priesterschaft eine ähnlich überregionale Bedeutung zukam wie sie die Kultstätte von Delphi in Griechenland innehatte.

Wenn gesagt wird, dass die Veleda in einem "Turm" wohne und ihr Ort als in der Nähe der Lippequellen angegeben wird, so liegt es nahe,

sich das Sacellum im Turmfelsen der Externsteine als ihr Domizil zu denken. Es heißt auch, dass die im Aufstand siegreichen Germanen ihr ein auf der Lippe erbeutetes römisches Schiff als Geschenk darbrachten; so käme ebenfalls als Wirkungsstätte der Priesterin nur der Teutoburger Wald in Frage. Überdies ist "Veleda" nicht als eine Einzelperson zu sehen, sondern eher als eine Bezeichnung für ein Amt, das mehrere Frauen hintereinander ausgeübt haben; Tacitus erwähnt ja auch, dass "schon in alter Zeit" die Albruna und "mehrere andere" von den Germanen als weise Frauen verehrt worden seien. Der Name *Albruna* bezeichnet eine Frau, deren Wissen dem der elbischen Geister ("*Alben*") gleichkommt.

So sehr die Externstein-Priesterin Veleda eine rein germanische Erscheinung sein mag, was ihren Namen betrifft, so ist dieser unbestreitbar keltischen Ursprungs. Die männliche Form wäre *veleto* gewesen; das entspricht genau dem bretonischen und walisischen *gweled*, "sehen, Sicht", womit Veleda etymologisch korrekt als "Seherin" ausgewiesen wäre. Die irische Entsprechung des Namens, auch männlich, lautet *file*, Plural *filid*, und besitzt die Grundbedeutung "Seher"; die ältesten Wortbedeutungen in den mythischen und epischen Texten Irlands sind "Seher, Wahrsager, Zauberer, Geschichtsforscher, Lobredner, Satiriker, Richter, Professor"[32]. Im allgemeinen bezeichnet das Wort also einen Gelehrten, der in der traditionellen Dichtkunst und Literatur bewandert ist; vom Barden unterscheidet er sich durch den Gebrauch der Schrift. Wäre es möglich, dass das Veleda-Amt an den Externsteinen bis auf die Zeit der keltischen Besiedlung Mitteleuropas zurückgeht? Handelt es sich hier um ein Amt keltischer Druiden-Priesterinnen, das später (um 100 v. Chr.) auf die Germanen überging? Wie dem auch sei – das Orakel an den Lippequellen besaß große politische Bedeutung. Es ist gut möglich, dass auch der Cheruskerfürst Armin zuerst die Veleda nach dem Willen der Götter befragte, bevor er seinen Aufstand gegen Rom wagte.

Ein Heiligtum der Ostara?

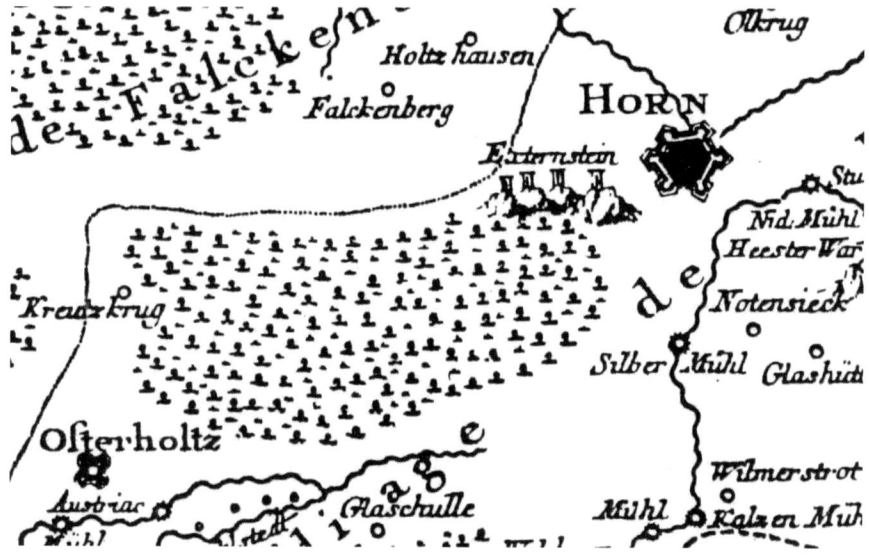

Die Ansicht, dass sich ganz in der Nähe der Externsteine ein Heiligtum der Göttin *Ostara* befunden hat, wurde in einer 1750 erschienenen Preisschrift ausgesprochen. In der etwas unbeholfenen Sprache des 18. Jahrhunderts bemerkt ihr Verfasser C. F. Fein über einige Gegenden des Teutoburger Waldes: "In diesen Wäldern haben die Teutschen einen Götzenhain und barbarische Altäre gehabt (.....) Ich halte dafür, dass die Druiden hier ihren Götzendienst gehabt, und die Köpfe der Gefangenen an die heiligen Bäume geheftet haben, dem Gotte Teut zu Ehren (...) Nächstdem wurde zugleich in diesen Wäldern die teutsche Diana, der Mond, unter dem Namen Oester verehrt; davon habe ich in der Zugabe gehandelt, und diese barbarischen Altäre (eostrae rupes) insgemein Externsteine genannt, in einem Abrisse vorgestellet."[33]

Die "*teutsche Diana*" nennt der Verfasser die germanische Göttin *Ostara*, eine Natur-, Wald- und Vegetationsgöttin wie ihre römische Kollegin, aber auch eine Frühjahrsgöttin, die über die sprießende Saat und das aufblühende Leben gebietet, wahrscheinlich kalendarisch verbunden mit

dem Frühjahrsäquinox. Ihr Kult bei den Externsteinen oder in der Nähe ist durchaus möglich und würde auch zu der Anwesenheit eines weiblichen Priesterkollegiums dort passen. Aber wer ist eigentlich Ostara? In den frühesten altdeutschen Sprachdenkmälern begegnen wir erstmals dem Namen *ostara*, meistenteils in dieser Pluralform, weil zwei Ostertage gefeiert wurden (ostartaga, aostortaga). "Diese Ostara", schrieb Jakob Grimm in seiner *Deutschen Mythologie* (1838), "muss gleich dem angelsächsischen *Eastre* ein höheres Wesen des Heidenthums bezeichnet haben, dessen Dienst so feste Wurzeln geschlagen hatte, dass die Bekehrer den Namen duldeten und auf eins der höchsten christlichen Jahresfeste anwandten."[34]

Den einzigen Hinweis auf die Existenz einer Frühjahrs- und Fruchtbarkeitsgöttin namens Ostara verdanken wir dem angelsächsischen Mönch Beda Venerabilis (672–735); dieser weist in seiner Schrift *De temporum ratione* (Cap.13) darauf hin, dass der Name des Monats April, Eosturmonath, sich auf eine von den Heiden verehrte Göttin namens Eostra herleite ("Antiqui Anglorum populi – gens mea – apud eos Aprilis Esturmonath, qui nunc paschalis mensis interpretatur, quondam a dea illorum, quae Eostra vocabatur, et cui in illo loco celebrantur, nomen habuit"). Die angelsächsische Göttin Eostra mag auch im germanischen Kulturraum Mitteleuropas eine Entsprechung gehabt haben; bei den Nordgermanen allerdings konnte ein Kult der Ostara nie nachgewiesen werden, und die isländische Edda-Sammlung erwähnt ihren Namen an keiner Stelle.

Aufgrund der vergleichenden Sprachwissenschaft steht jedenfalls fest, dass das althochdeutsche *ostar* mit dem altindischen *usra* urverwandt ist, ebenso mit dem griechischen *eos* und dem lateinischen *aurora*, das sowohl den Osten als Himmelsrichtung als auch die Morgenröte bezeichnet. Deshalb fügt Jakob Grimm der Bedeutung der Göttin Ostara noch einen weiteren Inhalt hinzu: "Ostara, Eostre mag also Gottheit des strahlenden Morgens, des aufsteigenden Lichts gewesen sein, eine freudige, heilbringende Erscheinung, deren Begriff für das Auferstehungsfest des christlichen Gottes verwandt werden konnte."[35] Auch die Sitte, am Abend des Karsamstag oder des Ostersonntag auf freier Feldflur Osterfeuer anzuzünden, verweist auf Ostara als Lichtbringerin. Das Licht kommt aber immer von Osten, denn im Osten geht die Sonne auf.

Die ursprüngliche Göttin des Sonnenaufgangs und der Morgenröte – die Lichtbringerin *Aurora*, bei den Griechen *Eos* genannt – mag vielleicht das unmittelbare Vorbild der Frühjahrsgöttin Ostara dargestellt haben. Vor allem die angelsächsische Göttin *Eostra* gemahnt allein schon dem Wortklang nach sehr an die griechische Eos, die von Homer an vielen Stellen seines Werkes gepriesen wird. "Als nun Eos mit rosigen Fingern am Morgen emporstieg...." ist bei Homer ein häufiges Gleichnis für das Frührot des anbrechenden Tages. Es besteht ein Wort- und Sinnzusammenhang zwischen Ostara, Ostern und Osten wie auch zwischen Eostra, Eos, Aurora und *Ushas*, der altindischen Göttin der Morgenröte, der im Rigveda ein Hymnus dargebracht wird.

Aus Ortsnamen und neuerem deutschen Volksbrauchtum hat man den Kult der Göttin Ostara im nachhinein wiederzugewinnen versucht. Nach Angaben des *Handwörterbuch des Deutschen Aberglaubens*, Bd. 6 (Stichwort "Ostara"), soll sich dieser Kult über ganz Niedersachsen, Westfalen und Niederhessen, wahrscheinlich aber auch über Friesland, Jütland und Seeland erstreckt haben. In Westfalen sind ihr Schweineopfer dargebracht worden; in Niederdeutschland wurden ihr angeblich Maibäume errichtet und Maiblumen geopfert. Die Sitte in Hessen, am 2. Ostersonntag Blumensträuße in eine Höhle zu tragen und dann kühles Wasser zu schöpfen, gilt als Rest des Ostara-Kultes. Die Birke wird als der heilige Baum der Ostara genannt, der Hase als ihr heiliges Tier; und die Opferbrote, die ihr zusammen mit anderen unblutigen Opfern – vor allem Blumenkränzen – dargebracht wurden, fanden ihre Fortsetzung in der späteren Sitte der Osterbrote und des Ostergebäcks.

Äußerlich wird Ostara beschrieben als ein sich leicht fortbewegendes, in ein goldschimmerndes Gewand gehülltes Wesen, vielleicht aus dem Meere aufsteigend, mit gelben Schuhen angetan; jeden Morgen weckt sie alle lebenden Wesen aus ihrem Schlummer und naht sich den Häusern der Sterblichen mit schimmernden Schätzen. Zarte Keime brechen aus ihren Spuren hervor, wenn sie über die Erde dahinwandelt. Schwalben umfliegen jauchzend die über Land gehende Göttin, die – ein Veilchenkranz auf dem Haupt – mit beiden Händen die Blumen des Frühjahrs ausstreut: Schlüsselblumen, Dotterblumen, Narzissen, Krokus und Windröschen. Als Herrin der blühenden Vegetation ähnelt Ostara ein wenig

der römischen *Flora*, der Göttin der grünenden Feldflur; vielleicht ist sie überhaupt eine Erscheinungsform der göttlichen Erdenmutter.

In der mythologischen Forschung blieb die Göttin Ostara bis heute umstritten; die überskeptische Gelehrsamkeit des 19. Jahrhunderts wollte in ihr nur eine Konstruktion Jakob Grimms sehen, die jeder realen historischen Grundlage entbehre. Mit Sicherheit war Ostara keine gemeingermanische Göttin, sondern eine Lokalgottheit, deren Kult auf die Germanen Nord- und Mitteldeutschlands und auf die Angelsachsen Englands beschränkt blieb; im Norden Europas war sie indes eine Unbekannte. Daher kommt es auch, dass selbst die skandinavischen Sprachen, wie eigentlich alle Sprachen Europas, Ostern nach dem jüdischen Passah-Fest benennen. Allein in dem deutschen Wort "Ostern" hat sich – wie im englischen "Eastern" – das Andenken an jene altdeutsche Frühjahrsgöttin bewahrt, der zu Ehren man in den Tagen nach der Frühjahrstagundnachtgleiche überall im Land heilige Freudenfeuer anzündete. Der Kult allerdings, der sich um den "Osterhasen" und seine bemalten Eier rankt, lässt sich in Deutschland frühestens für das 17. Jahrhundert nachweisen.

Als Zentrum eines Ostara-Heiligtums in der Nähe der Externsteine käme der Ort *Oesterholz* in Frage, in dessen Nähe sich ein umfangreiches Hügelgräberfeld befindet. Die Nachsilbe *-holz* weist darauf hin, dass hier einmal ein heiliger Hain gestanden haben kann. Am Rande der Senne gelegen, wo am Fuße des Teutoburger Waldes die Landschaft schon in fruchtbares Gelände übergeht, ist es vor allem der ehemalige Gutshof Oesterholz, heute ein Altersheim, der durch seine eigenartige Lage und seine umfangreiche Umhegung auffällt. Kräftige, zum Teil festungsartige Wälle umschlossen ein 32 Morgen großes Gebiet mit Waldbestand, einem ansehnlichen Teich, Gartenland und sumpfigen Wiesen. Der Vorzeitforscher W. Teudt hat in diesem Ort eine germanische Sternwarte und Gelehrtenschule vermutet. Bei seiner Lage in der gemeinsamen heiligen Mark am Osning, zwischen den Lippequellen und den Externsteinen, nicht fern der Wirkungsstätte der Seherin Veleda, wäre diesem Ort ein hoher Symbolwert zugekommen.

Armins Aufstand gegen Rom

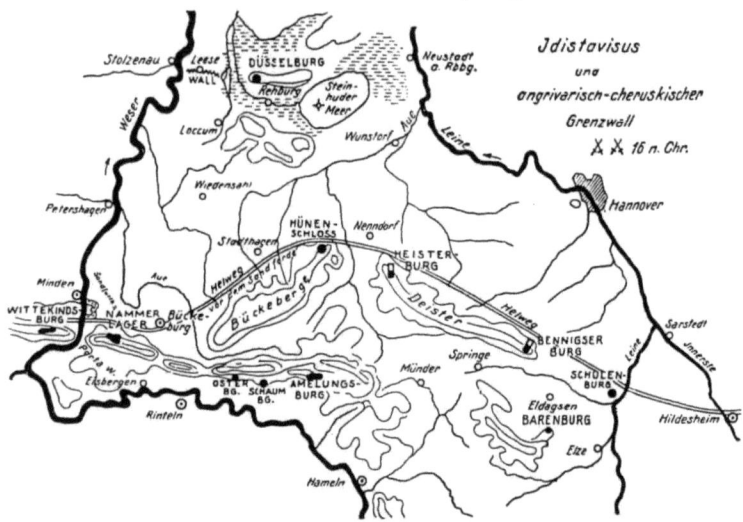

Die Schlachten im Lande der Cherusker.

B ei den Kämpfen Roms gegen das freie Germanien hat *Arminius* aus dem Stamm der Cherusker, fälschlich *"Hermann"* genannt, mit seinem Sieg über die Legionen des Varus im Teutoburger Wald 9 n. Chr. eine welthistorische Wende herbeigeführt. Er bewirkte durch seine Tat, dass Germanien nicht wie das benachbarte Gallien zu einem jahrhundertelang von Römern besetzten, von der lateinischen Kultur maßgeblich geprägten Land werden sollte, sondern zumindest bis zur Christianisierung frei von Rom seine eigene Identität und Volkskultur ausleben konnte. "Unzweifelhaft der Befreier Germaniens", *haud dubie liberator Germaniae*, nennt ihn voll Anerkennung Tacitus, der römische Geschichtsschreiber, und die Romantik bemächtigte sich sogleich dieser Gestalt, verklärte sie, formte sie zu einer Heldenfigur nicht ohne nationales Pathos. Seit der Renaissance ging sie auch in die Literatur ein, von Ulrich von Huttens *Arminius* (1529) bis zu Heinrich von Kleists *Hermannsschlacht* (1808). Auch von Justus Möser, Klopstock und Grabbe (1836) existieren literarische Bearbeitungen dieses Themas.

Wer war Arminius der Cherusker? Ein Augenzeuge, der römische Reiteroffizier Vellejus, schildert ihn so: "Unter den Germanen lebte damals ein Jüngling aus edlem Geschlechte, mit tapferer Hand, rascher Auffassungsgabe und größerer geistiger Gewandtheit, als man sonst bei Barbaren findet. Er hieß Armin und war ein Sohn Segimers, des Fürsten seines Stammes. Seines Geistes Feuer leuchtete ihm aus Antlitz und Augen."[36] Wie sein Bruder Flavus war Armin ins römische Heer eingetreten und hatte durch Teilnahme an Feldzügen römische Kriegskunst und Diplomatie erlernt, gewann sogar das römische Bürgerrecht und wurde zum Ritter erhoben. So schlug er die Römer in gewisser Weise mit ihren eigenen Waffen. Groß waren die Mittel, die ihm dabei zur Verfügung standen, nicht. Nur eine kleine Anzahl germanischer Stämme konnte er zu gemeinsamem Wirken aufrufen, so die *Cherusker, Angrivarier, Brukterer*, dann die *Usipeter, Tenkterer* und *Chatten*. Die Nordseestämme hatten schon ihren Frieden mit Rom gemacht, und der mächtige Markomannenfürst Marbod war zu unentschlossen.

Die germanischen Stammesfürsten waren sich durchaus unsicher, wie sie sich zu den Römern stellen sollten. Armin selbst war mit *Thusnelda*, der Tochter des römerfreundlichen Fürsten *Segestes*, verheiratet. Von einem Bündnis mit der Weltmacht Rom mochten sich viele germanische Fürsten materielle Vorteile und eine Stärkung ihrer lokalen Macht erwartet haben. So warb Armin unentwegt für sein antirömisches Bündnis. In den folgenden Jahren versuchte der neue Statthalter *P. Quinctilius Varus*, ein naher Verwandter des Kaiserhauses, Germanien durch die Einrichtung von Kastellen, Umsiedlung von Stämmen, Einführung des römischen Rechts und der lateinischen Sprache in die römische Provinzialverwaltung langsam überzuleiten. Besonders drückend waren die Steuergesetze des Varus, der vorher bereits Procunsul in Syrien war, das er "arm als reiches Land angetroffen und als armes reich verlassen hatte", wie man später sagte. So war sein Hang zur Ausbeutung von Provinzen geradezu sprichwörtlich. Dieselben Methoden versuchte er nun auch in Germanien anzuwenden.

Im Herbst des Jahres 9 n. Chr. schlug Armin nun endlich zu. Irgendwo im Teutoburger Wald – vermutlich bei Kalkriese im Osnabrücker Land – lockte er die Römer in einen Hinterhalt, überfiel sie mit seinen verbündeten Truppen von allen Seiten und vernichtete drei Legionen vollständig.

Die meisten wurden erschlagen, Varus gab sich selbst den Tod, andere wurden zu Sklaven gemacht. Die moralische Wirkung dieser Katastrophe auf die Römer, insbesondere auf den Kaiser selbst, war niederschmetternd. Der Kaiser entließ sofort seine germanische Leibwache, versank monatelang in Trauer, die Legionen 17, 18 und 19, die in Germanien zugrunde gegangen waren, wurden nie wieder aufgestellt. Ja mehr als dies: von dem ehrgeizigen Plan, Germanien bis zur Elbe zu erobern, nahm man jetzt wohl endgültig Abstand. Man begnügte sich damit, im Süden die Limesgrenze zu sichern; an alles darüber Hinausgehende war nicht mehr zu denken. Tacitus schrieb über Armin: "Unzweifelhaft war er der Befreier Germaniens. Könige und Feldherrn hatten Rom angetastet, als es noch jung war; er rüttelte an Roms Ketten, als das Reich auf der Höhe seiner Macht stand. Nicht immer war er der Sieger in seinen Schlachten, doch unbesiegt in jedem Krieg. Mit 37 Jahren erreichte er das Ziel seines Lebens, zwölf Jahre lang war er Sieger: darum lebt noch heute sein Name in den Liedern seines Volkes."[37]

Auch in den Kämpfen des Jahres 16 n. Chr. mit *Germanicus* konnte Armin sich erfolgreich behaupten; die Karte zeigt, wie geschickt er das Gelände zu benutzen wusste. Eine ganze Reihe von germanischen Burgen beherrschten die Höhen, und der Angrivarierwall versperrte den schmalen Durchgang zwischen der Weser und dem Sumpfgelände um das Lokkumer Moor. Für den geplanten Durchstoß zur Elbe aber kam für Germanicus wie schon für Varus nur der *Alte Hellweg* in Frage, der ja unmittelbar durch zwei Felsen der Externsteine hindurchführte. So vollzogen sich die Kämpfe um ein freies Germanien auch im Umfeld der Externsteine. Mit Sicherheit bildete die dort wohnende und wirkende Priesterschaft das spirituelle Zentrum des Widerstandes gegen Rom. Es ist durchaus möglich, dass Armin von der Orakelstätte bei den Lippequellen bzw. von der amtierenden Veleda Weisung erhielt, wie gegen Rom vorzugehen sei. Tragischerweise wurde Armin ein Opfer der für die Germanen typischen Uneinigkeit. Im Jahre 21 n. Chr., im Alter von 37 Jahren, starb er durch Meuchelmord seiner Verwandten.

Karls Krieg gegen die Sachsen

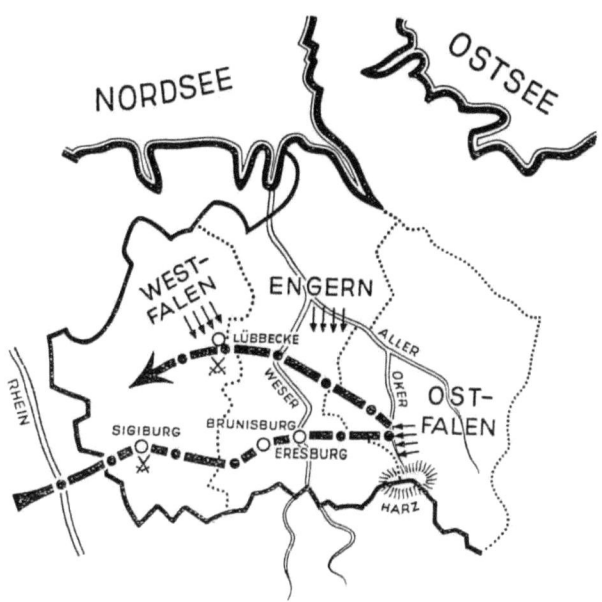

Manchmal sieht es so aus, als ob die Geschichte sich wiederhole, indem sie alte Konstellationen in nur leicht veränderter Gestalt wiederauferstehen lässt. Im *Frankenreich Karls des Großen* hat das längst untergegangene Römerreich eine solche Wiederauferstehung erlebt, denn eine *"reformatio imperii romani"* sollte dieses ganz im Geiste Roms gehaltene, germanisch-abendländische Völkerreich seinem eigenen Selbstverständnis nach darstellen. Die *"karolingische Renaissance"* war ganz auf die Wiederbelebung klassischen, lateinisch-antiken Bildungsguts aus, und das Christentum, das in diesem Reich herrschen sollte, war nicht das arianische der Germanen, sondern das der römischen Papstkirche. Unter dem Dach der römisch-christlichen Heilslehre sollte ein Römisches Weltreich im fränkischen Gewand neu erstehen, vom Papst offiziell geduldet und vom Kaiser als dem weltlichen Machthaber verwaltet.

Daher leuchtet es ein, dass das Frankenreich seine Speerspitze vor allem gegen die noch heidnisch verbliebenen Restvölker Mitteleuropas rich-

tete. Die Christianisierung war dabei nicht so sehr eine Glaubensfrage, sondern eher eine Romanisierung in kultureller Hinsicht, dazu angetan, dem neuen abendländischen Völkerverband ein einheitliches geistiges Band zu verleihen. Der *Sachsenkrieg Karls des Großen*, der symbolträchtig mit der *Zerstörung der Irminsul* und der Eroberung der Eresburg in Westfalen begann, zog sich über 30 Jahre hin (772–804), voll Erbitterung geführt mit allen Methoden "moderner" Kriegsführung wie Massenmord, Massenhinrichtung, Massendeportationen. Schon seit Jahrhunderten waren die Sachsen in Grenzkriege mit den Franken verwickelt; zuletzt hatten Karl Martell, Karlmann und Pippin sie teilweise unter Tributpflicht gezwungen, ohne jedoch dauerhaften Erfolg zu erzielen gegenüber jenem kleinen, aber tapferen Volk, das unbeirrbar an seinen Göttern, Sitten und Freiheiten festhielt. Nach dem Tode Karlmanns ging an dessen Bruder Karl ein Unternehmen über, das schon deren Großvater begonnen und ihr Vater ehrgeizig betrieben hatte, nämlich "*das treulose und bundbrüchige Volk der Saxen so lange zu bekriegen, bis es entweder vertilgt wäre oder das Christentum angenommen habe....*"[38]

Das freie heidnische Sachsen bildete zu jener Zeit eine Art aristokratische Republik, die jedoch in viele Stämme und Gaue verfallen war, die nur zu Kriegszeiten ein gemeinsames Oberhaupt, einen Herzog, erwählten. Außerdem war die sächsische Gesellschaft zu jener Zeit bereits stark feudalistisch strukturiert und beherrscht von "*Ethelingen*", niederen Provinzadeligen, die eine Kooperation mit der fränkischen Königsmacht als durchaus vereinbar mit ihren Interessen sahen. Ein uradeliges Geschlecht, das seinen Ursprung bis auf Wodan zurückführte, fanden sie es nicht unter ihrer Würde, die fränkischen Priester ins Land zu lassen und selbst die Taufe anzunehmen, wenn es ihnen nur genug politische Vorteile brächte. Der Übertritt zum Christentum war für sie, wie R. Wahl schreibt, "viel weniger Gesinnungswechsel als vielmehr Politik auf weite Sicht. Für theologische Diskussionen hatte man weder Zeit noch Veranlassung. Die Annahme der Taufe war eine Formsache, die den immer wichtiger werdenden Schutz einer machtvollen Königsmacht verbürgte."[39]

Deshalb konnte König Karl, so grotesk es klingt, bei seinen Sachsenfeldzügen auf die Kooperation des sächsischen Provinzadels weitgehend rechnen. Schon bei Karls erstem Sachsenfeldzug, der sich in den Jahren von 772 bis 780 abspielte, waren es die Ethelinge *Hassio* und *Bruno* – der

erste Herzog der Ostfalen, der andere der Engern –, die sich im Namen ihrer Stämme sogleich bedingungslos unterwarfen, noch bevor es überhaupt zu Kampfhandlungen kam. Aber dann gab es noch einen dritten Etheling, den Herzog der Westfalen mit Namen *Widukind* (d.h. "*Wodanssohn*"), in dem Karl ein langjähriger und unerbittlicher Gegner erwuchs. Sein Stammsitz lag an der Ostgrenze Westfalens in Wildeshausen am Einfluss der Hunte in die Weser. Obwohl er als der reichste und mächtigste Etheling ganz Sachsens galt, verfolgte er keine aristokratischen Interessen, sondern war im besten Sinne des Wortes ein Volksführer, der selbst auch tief verwurzelt war in den heimischen religiösen Traditionen seines Volkes.

Als Schwiegersohn des Dänenkönigs Siegfried griffen überdies seine Beziehungen weit über die Landesgrenzen hinaus. Er galt als ein Repräsentant der "*Nordliudi*", der jenseits der Elbe wohnenden Nordleute mit ihren geheimnisvoll-unbekannten Kraftquellen in Skandinavien. So brachte er die besten Voraussetzungen mit, sein nun schon als Dauerstellung gewonnenes Herzogenamt in eine Königswürde umzuwandeln, aber in ein echtes Volkskönigtum im Sinne der Germanen; zudem hatte er bei seinen zahlreichen Besuchen in Dänemark die Notwendigkeit erkannt, die alte Einheit von Königs- und Priesteramt wiederherzustellen. So blieb er ein Vertreter des alten Götterglaubens, wie er bei den Dänen noch ungebrochen üblich war. Karl der Große glaubte allen Ernstes, das feindliche Land völlig unterworfen zu haben, als er im Jahre 777 die große Reichsversammlung mitten im Feindesland, in *Padabrunn* (dem heutigen Paderborn) stattfinden ließ. Aber schon bald schürte Widukind einen Volksaufstand gegen Karl, als dieser gerade in der spanischen Mark in Kämpfe mit den Sarazenen verwickelt war.

Dies führte zum zweiten Sachsenfeldzug der Jahre 782 bis 785, in dessen Verlauf viel Blut fließen musste. Zur Heeresfolge gegen die Slawen aufgerufen, vernichteten die Sachsen ein fränkisches Heer am Süntelgebirge vollständig; aber Karl nahm furchtbare Rache, indem er zu Verden an der Aller 4500 Aufständische an einem einzigen Tag niedermetzeln ließ! Vergeblich haben Historiker versucht, ihn von dieser Tat reinzuwaschen; die große Zahl sei auf ein Missverständnis zurückzuführen; oder ein Schreibfehler sei an allem schuld ("*delocare*" gleich "umsiedeln" statt "*dellocare*" gleich "enthaupten"). Aber es bleibt ein Genozid, den großen

Völkermorden des 20. Jahrhunderts durchaus ebenbürtig. Und das alles übrigens unter aktiver Mithilfe des sächsischen Provinzadels, der sich beeilte, seine Loyalität zu bekunden und die Schuldigen dem Blutgericht auszuliefern. Und dann, im Jahre 785, geschah das Unbegreifliche: Widukind und einige andere Führer, an der sächsischen Sache nunmehr endgültig zweifelnd, ergaben sich zu Attigny und empfingen die Taufe. Es scheint sogar, dass er sein Stammbesitztum zu Wildeshausen behalten durfte; und seine Enkelin Mathilde, die mit dem späteren Sachsenkönig Heinrich "vom Vogelherde" verheiratet war, schrieb über Widukind die nahezu unglaublichen Worte: *"Nachdem er seine Irrtümer aufgegeben hat, ist er zur Erkenntnis der Wahrheit gekommen; wie er vordem ein wilder Zerstörer der Kirchen war, so ist er dann der allerchristlichste Anbeter Gottes und seiner Heiligtümer geworden."*[40]

Nun bedurfte es noch eines dritten Feldzuges, von 792 bis 804, um den Widerstand der Nordalbingier zu brechen. Dabei griff man auch zu dem Mittel der Massendeportation: Tausende von Sachsen wurden mit Weib und Kind aus ihrer Heimat weggeführt und irgendwo in fränkischen Gebieten neu angesiedelt; ihr Besitztum wurde an Franken, in Holstein gar an Slawen abgegeben. Mit dem "Gesetz über die sächsischen Gebiete" wurde ein wahres Blutgesetz über das unterworfene Land verhängt; es schrieb den fränkischen Königsbann, die Einsetzung von Grafen, das Verbot des Heidentums mit all seinen Bräuchen, unter Todesstrafe, den allgemeinen Zwang zur Taufe und die Einführung des Kirchenzehnten vor. "Entsagst du dem Teufel und allem Teufelswerk? Und Thunder und Wuotan und Saxnot und allen Unholden? Ec gelobo! Gelobst du dich dem allmächtigen Gott und Vater und dem Heiligen Christ, Gottes Sohn, und dem Heiligen Geist?"[41] So lautete die Taufformel für die sächsische Mission um 800. *Die Unterwerfung des freien Sachsen bedeutete auch das Ende der Externsteine als heidnische Kultstätte.* Es ist durchaus möglich, dass die massiven Zerstörungen des Sacellums am Turmfelsen durch die Soldaten Karls angerichtet wurden.

Wem gehören die Externsteine?

Wem gehören die Externsteine? Und in wessen Besitz gingen sie nach der Unterwerfung Sachsens über? Die Besitzverhältnisse im Mittelalter kennen wir dank vorhandener Quellen recht genau. Aus einer vermutlich im Jahre 1165 abgefassten Urkunde geht hervor, dass im Jahre 1093 ein in Kohlstädt und Holzhausen ansässiges Geschlecht sächsischer Ethelinge die Felsengruppe samt dazugehörigen Land- und Waldflächen an das *Kloster Abdinghof* in Paderborn verkauft habe. Dies ist mit Sicherheit das erste Dokument, in der die Externsteine erwähnt werden. Aus der Urkunde geht auch hervor, dass die gesamte Besitzung zuvor unter die drei Brüder der Ethelingfamilie aufgeteilt wurde. Alle drei müssen sodann den Verkauf an das Paderborner Kloster vorgenommen haben. In der Haupthöhle des Grottenfelsens besagt eine lateinische Inschrift aus dem Jahre 1115, dass ein gewisser Bischof Heinrich aus Paderborn diesen Raum zur christlichen Kapelle geweiht hätte. Die letzte beurkundete Einsetzung eines Priesters von Abdinghof in das Benefiziat der Externsteine stammt aus dem Jahre 1592. Im Laufe des 16. Jahrhunderts waren die Grotten der Steinanlage von Geistlichen, Klausnern und mehreren Privatleuten bewohnt.

Die Beziehung der Externsteine zum Kloster Abdinghof endet faktisch mit der Beschlagnahme des Benefizialgrundstückes durch die gräflich-lippische Landesregierung im Jahre 1611, juristisch indessen erst durch die Bestimmungen des Westfälischen Friedens von 1648. Damit waren die Externsteine der geistlichen Herrschaft entrissen; sie sollten sich in den folgenden Jahrhunderten zu einem beliebten Ausflugziel entwickeln. Seit der Renaissance, beginnend mit Petrarcas Besteigung des Mont Ventou, hatte sich ein neuer Natursinn verbreitet; das Bürgertum des 18. Jahrhunderts liebte Schäferpoesie, Naturidylle und Ausflüge in die nähere Umgebung. Landgraf Hermann-Adolf zur Lippe (1652–1666) hat viel dazu beigetragen, die Externsteine als touristische Attraktion herzurichten; auf dem Grottenfelsen errichtete er ein Aussichtsplateau und Treppen dorthin, außerdem geht auf ihn das festungsartige Jagdschloss zurück, das damals vor diesem Felsen stand. Ein weiteres Jagdhaus, das er vor Felsen IV errichtete, wurde später in ein Wirtshaus umgewandelt. Auf alten

Kupferstichen sind diese Gebäude noch gut zu erkennen. Die Nachfolger Hermann-Adolfs ließen das Jagdschloss verfallen, aber während der Regierungszeit der Fürstin Pauline (1802–1820) wurde das Trümmerfeld beseitigt und der naturnahe Zustand der Externsteine durch den Freiherrn von Donop im Auftrag der fürstlich-lippischen Regierung wiederhergestellt.

Im Jahre 1918 gingen die Externsteine, ehemals Teil des fürstlichen Domanialvermögens, ins Eigentum des Landes Lippe über. Aufgrund einer Forderung des Landeskonservators wurden sie und die nähere landschaftliche Umgebung als *Schutzgebiet Externsteine* in die Liste der Naturdenkmäler eingetragen. Eine 1934 gegründete *Externsteinestiftung* setzte sich für die Rückführung des gesamten Bereichs in den Naturzustand ein und erreichte die Verlegung der Straßentrasse Paderborn-Horn, die vormals noch unmittelbar durch die Steinriesen hindurchführte. Nach 1948 wurde das Externsteingebiet als Naturschutzstiftung treuhänderisch durch das Land Nordrhein-Westfalen, seit 1957 durch den Landesverband Lippe verwaltet. Der Status als Naturschutzgebiet wurde durch eine Verordnung des Regierungspräsidenten ausdrücklich bestätigt.

Heute sind die Externsteine ein beliebtes Ausflugsziel; mit Waldschenke und nahem Parkplatz ziehen sie Tausende von Besuchern jedes Jahr an. Im touristischen Rummel wird die Bedeutung der Anlage als uralte vorgeschichtliche Mysterienstätte in megalithischer, bronzezeitlicher und keltogermanischer Tradition leicht vergessen; auch die geomantische und kosmische Bedeutung des Ortes tritt in den Hintergrund. Die Ausgrabungen an den Externsteinen unter der Leitung von Prof. Julius Andree in den Jahren 1934-35, die eine germanische Kultstätte an diesem Ort nachweisen wollten, verliefen wie allgemein bekannt ohne Erfolg und konnten den gewünschten Nachweis nicht erbringen. Das Fundmaterial der Andree'schen Grabung lagert, bis heute nicht ausgewertet, in Kisten verpackt im Keller des Lippischen Landesmuseums. Gibt es von Seiten einflussreicher Kreise ein Interesse daran, das Material zurückzuhalten? Offiziell gelten die Externsteine bis heute als ein im Mittelalter angelegter christlicher Wallfahrtsort.

Das wirkliche Alter dieser Kultstätte und ihre esoterische Bedeutung lässt sich heute kaum ermessen. Als markanter Geländepunkt mögen die Externsteine schon in der Steinzeit die Menschen dieser Gegend angezo-

gen haben, nicht nur um dort Schutz zu suchen, sondern sicher auch aus kultischen Gründen. Feuersteingeräte, Stielspitzen, Klingen und Steinschlagplätze aus der späten Altsteinzeit beweisen, dass sich Menschen am Fuß der Felsen bereits um etwa 10.000 v. Chr. aufgehalten haben. Auch von den Jägern der Mittelsteinzeit von 8000 bis 4000 v. Chr. gibt es Belegfunde. Rätsel geben auch die Großskulpturen an den Felsen auf, wie etwa der *Rufer*, der *Hängende*, der *Riese* – waren sie möglicherweise von Menschenhand gestaltet und Zeugnisse einer altsteinzeitlichen Jägerkultur, die überall in Europa verbreitet war? Die Externsteine wären demnach ein altsteinzeitlicher Riesentempel gewesen, mit einer ganz eigenen religiösen Mythologie, die in den Reliefstrukturen der Felsen verewigt wurde.

Wem gehören die Externsteine? Kann man sie tatsächlich einer bestimmten Seite, sei es Christen oder Germanen, zuschlagen? Als ein deutsches Nationaldenkmal kann man sie sicher ebenso wenig betrachten, denn zur Zeit des realen Kultgeschehens an diesen Steinen konnte von einer deutschen Nation noch keine Rede sein. Wer die Externsteine ausschließlich den Germanen zuschlagen möchte, scheint zu vergessen, dass seit der älteren Eisenzeit die Kelten in Mitteldeutschland bis zur Weser ansässig waren, dass die Kultgrotten der Anlage der Latene-Zeit entstammen und an diesem Ort ein uralter druidischer Priesterdienst bestanden hat, der später in germanische Hände kam. Die Externsteine gehören keinem bestimmten Volk, sondern sie sind Götterwerk und gehören allein den Göttern, die sich in Naturkräften sichtbar manifestieren. Und als *Götterheiligtum* wollen sie auch – bis zum heutigen Tag – geehrt werden!

Urheimat Thule

Wie alt ist die Menschheit?

Eines der größten Wunder der Erd- und Menschheitsgeschichte ist das plötzliche und unerwartete Auftreten des *Cromagnon*-Menschen, des vollentwickelten *homo sapiens fossilis*, vor etwa 40.000 Jahren. Wir haben in ihm einen wahrhaft "apollinischen" Menschentypus vor uns, im Vollbesitz überlegener Intelligenz, kunstfertig, geschickt, äußerlich von einem modernen Menschen gar nicht zu unterscheiden, ausgestattet mit einem sehr feinsinnigen Empfinden für Kunst und Religion. Gegenüber dem stammesgeschichtlich älteren, primitiveren *Aurignac*-Menschen und erst recht dem archaischen "*Neandertaler*" musste er sich als der Überlegene erweisen. Aber wie alt ist die Menschheit wirklich?

Könnte es sein, dass der *sapiens*-Typ des Menschen, der uns in der Cromagnon-Rasse so überzeugend vor Augen steht, in viel ältere erdgeschichtliche Vergangenheit zurückgeht, als man bisher angenommen hat? Wäre es denkbar, dass der apollinisch-solare Typ des Menschen schon vor 18 Millionen Jahren im Erdzeitalter des Tertiär existiert hat? Er wäre dann zeitgleich mit allen höheren Säugetierformen entstanden; er wäre aber auch Zeuge vorsintflutlicher Großkontinente wie *Atlantis*, *Thule*, *Gondwanaland*, *Lemurien* und *Mu* gewesen. Er hätte auf diesen Ländern selbst gelebt, hätte aber auch zahlreiche Kontinentverschiebungen, Landunter-

gänge, Sintfluten, Polsprünge und tellurische Katastrophen erlebt, die vielleicht den Untergang hochentwickelter Kulturen bewirkt haben. Sollte es intelligentes menschliches Leben erst seit 40.000 Jahren auf dieser Erde geben? Suchen wir nach den Spuren des *homo atlanticus*, des intelligenten kulturfähigen Vollmenschen der Tertiärzeit!

Denkbar wäre es nämlich, dass der so plötzlich auftauchende Cromagnon-Mensch in dem hypothetischen *homo atlanticus* seinen Urahn und Vorläufer hat. Mit anderen Worten, die Cromagnon-Völker wären versprengte Atlanter gewesen, oder Nachkommen atlantischer Stammvölker. Wobei der *homo atlanticus* letzten Endes zurückgeführt werden muss auf einen – ebenfalls hypothetischen – *homo borealis*, den "Nordmenschen" oder "Urnordischen"; denn es scheint, dass die ursprüngliche Stammheimat der Menschheit gar nicht in Atlantis selbst liegt, sondern in einer Gegend, die sich heute in der Nähe des Nordpolarkreises befindet. Aber diese Nordpolarmenschheit geht weit in die Anfänge der Tertiärzeit zurück, in eine Zeit, in der Geographie, Klima, Tier- und Pflanzenwelt auf der Erde noch wesentlich anders aussahen als heute. Es war die tertiäre Urwelt, worin der *homo borealis* lebte und wirkte, ja letztlich gar eine Hochkultur erschuf.

Diese Sicht der Menschen-Evolution steht nicht in Übereinstimmung mit den Thesen und Erkenntnissen der heutigen Schulwissenschaft. Ihr zufolge gibt es die frühesten fossilen Menschenreste, Skelettfunde, Stein-Artefakte, Feuerstein-Werkzeuge und ähnliche Spuren halbwegs intelligenten menschlichen Lebens erst seit dem *Quartär*, der jüngsten erdgeschichtlichen Periode mit ihren vier Eiszeiten. Die Diluvialzeit mit ihren wärmeren Zwischenphasen sei die Periode der altsteinzeitlichen Kulturen und der ältesten fossilen Menschenrassen. Diese hätten sich aus spättertiärzeitlichen affenartigen Säugetieren entwickelt; die frühesten "hominiden" Rassen auf der Erde, mehr Affen noch als Menschen, seien nicht älter als 3,5 Millionen Jahre. Kaum ein Naturforscher wagt es, das Alter des kulturfähigen Menschenwesens in tertiäre, ja sogar vortertiäre Zeit zu datieren.

Diese Lehrmeinung der Schulwissenschaft gründet sich lediglich auf eine Reihe zufälliger Fossilienfunde, die oft falsch datiert und einseitig im Sinne der darwinistischen Entwicklungslehre interpretiert werden. Der *"Neandertaler"* aus dem Neandertal bei Düsseldorf, der etwa vor 80.000 bis

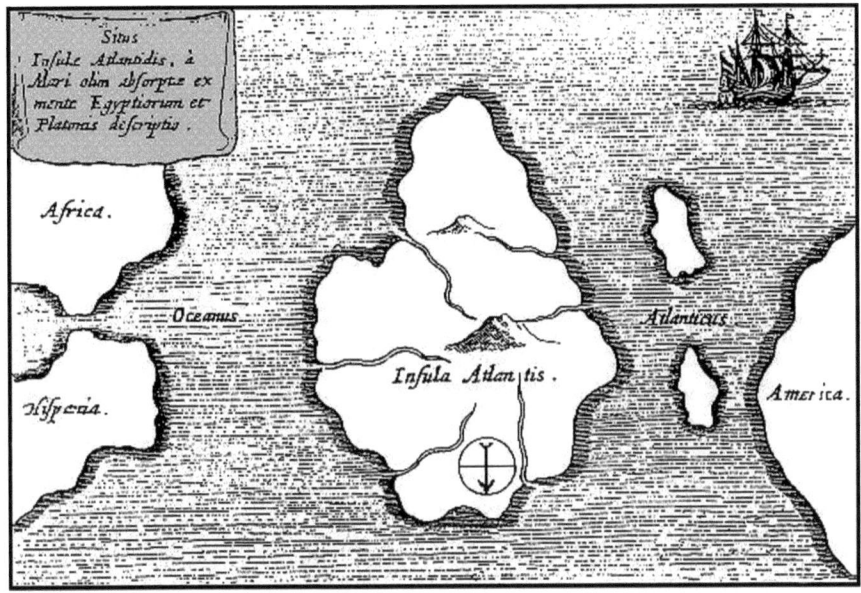

Atlantis nach Athanasius Kircher (Mundus Subterranus, 1678)

40.000 Jahren in West-, Mittel- und Osteuropa, im Mittelmeergebiet und in Mittelasien lebte, wurde lange Zeit als der evolutionäre Vorfahre des Menschen ausgegeben, bis man herausfand, dass er genetisch mit dem Menschen gar nicht verwandt ist und eher eine evolutionäre Seitenlinie der Hominiden-Familie darstellte. Bei anderen Funden affenartiger Vormenschen, die man zur Stützung der darwinistischen Theorie heranzieht, ist die Beweiskraft ähnlich dürftig. So etwa bei den in Süd- und Ostafrika gefundenen *Australopithecinen*: wie das 1974 in Tansania gefundene, auf den Namen "*Lucy*" getaufte Skelett beweist, konnten die nur 1,40 großen Australopithecinen mit ausgeprägt affenhaften Zügen zwar aufrecht auf zwei Beinen gehen, aber (an der Lage des Kehlkopfs erkennbar) nicht artikuliert sprechen; auch besaßen sie ein nur sehr geringes Gehirnvolumen. Solche zweibeinigen Affenwesen mögen eine seltsame Laune der Natur sein; aber sie als evolutionäre Vorformen des Menschen auszugeben, im Sinne des Darwinismus, ist pure Spekulation!

Auch die Linie, die man vom *Autralopithecus* über den *homo erectus* und den *homo habilis* bis zum Jetztmenschen gezogen hat, ist künstlich und in keiner Weise nachgewiesen! Überhaupt sind fossile Knochenfunde ja immer Zufallsfunde und können daher nicht Ausgangspunkt für irgendwelche Schlussfolgerungen und Hypothesen sein. So ist der Darwinismus zwar heute noch das Glaubensbekenntnis fast aller Biologen, aber letzten Endes ein Gerüst unbewiesener Behauptungen. Bei dem sogenannten Piltdown-Schädel, der 1912 von Charles Dawson in einer Kiesgrube in Sussex / England gefunden wurde und lange Zeit als das berühmte "*fehlende Glied*" ("*missing link*") Darwins gelten durfte, handelt es sich nachgewiesenermaßen um eine Fälschung. Mit der Methode der Fluordatierung hat man herausgefunden, dass die Überreste nicht älter als 500 Jahre waren: der Schädel eines Menschen und der Kiefer eines Orang-Utan wurden notdürftig zusammengefügt, beides braun gefärbt, um ein höheres Alter vorzutäuschen. Dennoch hat die Fachwelt generationenlang an diesen Betrug geglaubt; jeder Zweifel daran wurde verfemt. Das also sind die "Beweise" für den Darwinismus!

Eine gänzlich andere, vom Darwinismus grundsätzlich verschiedene Theorie der menschlichen Evolution hat der Paläontologe Edgar Dacque (1878–1945) aufgestellt. Den Geist der romantischen Naturphilosophie fortsetzend, zeigt er auf, dass in der Tierwelt alles auseinandergelegt sei, was der ideele metaphysische Mensch – die Urform des Menschen – enthalte. Dacque glaubt nicht, dass der Mensch vom Affen abstamme, da schon im frühen Tertiär die pithekoiden Gattungen und Arten so ausdifferenziert waren, dass sich der Mensch aus ihnen nicht entwickelt haben kann. Ein gemeinsamer Vorfahr von Mensch und Affe hätte viel weniger differenziert sein müssen. Für Dacque ist der Mensch ein ganz eigener Stamm, unabhängig von der übrigen Tierwelt, und er sieht die Ursprünge des Menschentums mindestens im Tertiär: "Der Tertiärmensch bedarf nicht mehr des Beweises, einerlei, ob wir Artefakte von ihm haben und Skelettfunde oder nicht; es kann sich nur noch um die Frage handeln, in welcher Phase der Tertiärzeit die Trennung der Menschenaffen vom Menschen erfolgte und wie alt der gemeinsame Stamm beider ist, der (....) unbedingt in das mesozoische Erdzeitalter zurückreicht."[42]

Die Menschenaffen und affenartigen Vormenschen sieht Dacque lediglich als degenerierte Abkömmlinge des eigentlichen Menschenstammes,

des intelligenten tertiären Atlantis-Menschen. Dieser gehe auf noch ältere, d.h. mesozoische und sogar spätpaläozoische Vorläuferwesen zurück. Am Anfang stehe der äußerlich amphibienhafte "Uradamit" der späten Permzeit, dann der reptilhafte "Vornoachit" des Mesozoikums, zu riesenhafter Größe herangewachsen und mit einem Stirnauge versehen, eine auf dem versunkenen Kontinent *Gondwanaland* lebende vormenschliche Rasse – dann, nach der noachitischen Sintflut, der dem heutigen Menschenwesen schon viel ähnlichere Säugetiermensch der frühen Tertiärzeit, hauptsächlich auf Atlantis angesiedelt. Dann zuletzt der aus Fossilien bekannte Eiszeitmensch als degenerierter Überlebender der atlantischen Flut.

Überall sieht man in der Evolution das Gesetz der Entelechie walten, der Ideenbildung, wonach eine von Anfang an vorhandene Idee im Laufe der Entwicklung des Lebens sich immer ähnlichere Formzustände schafft. In diesem Sinne meint Dacque, dass "der Menschenstamm einmal eine Amöbe, ein Fisch, ein Amphibium usw. war, dass also das Amöb, der Fisch, das Amphibium auch Formzustände des Menschen waren. Das ist hinwiederum gar nichts anderes als die von uns vertretene Vorstellung, dass der Mensch naturhistorisch ein uralter, auch die übrigen organischen Formzustände mit umfassender Stamm ist."[43] Wenn der Mensch aber ein so alter Lebensstamm ist, wie Dacque glaubt, dann muss er auch Augenzeuge längst untergegangener Kontinente sein, die heute nur noch als Mythos gelten – *Atlantis, Lemuria, Hyperborea.*

Tertiärzeitliche Geographie

Wenn in der isländischen Edda von drei geheimnisvollen Ländern die Rede ist, die sich zu Füßen der Weltenesche Yggdrasil befinden, das eisige Land des Nordens *Niflheim*, das heiße Südland *Muspellheim* und dazwischen *Midgard* oder Mittelerde, die Welt des Menschen, so können sich diese Angaben symbolisch auf Örtlichkeiten der tertiärzeitlichen Geographie beziehen. Niflheim wäre dann *Hyperborea*, der Urkontinent des Nordens, Muspelheim würde sich auf den versunkenen Südkontinent *Lemuria* beziehen, und Midgard wäre *Atlantis*, die Stammheimat der gegenwärtigen Menschheit im zentralen Atlantik. Das eddische Midgard [Abb. rechts] kann durchaus als ein Metapher für Atlantis gesehen werden; denn es ist ringsum von Wasser umgeben – eine Insel also, in der Mitte der Welt gelegen, wie einst Atlantis…

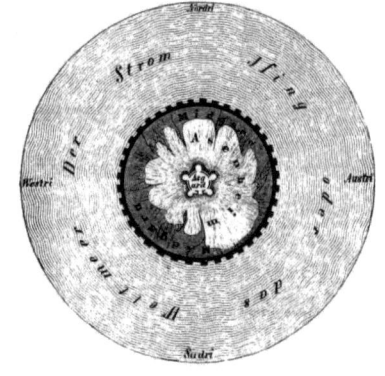

Mehrfach im Laufe der jahrmillionenlangen Erdgeschichte war die Oberfläche der Erde grundlegenden Änderungen unterworfen. Im Paläozoikum, dem Karbon- und Perm-Zeitalter, gab es nur zwei Großkontinente, beide aus dem Urkontinent Pangaia hervorgegangen: einen nordamerikanisch-atlantisch-eurasischen Kontinent, *Angara*, und parallel dazu einen Südkontinent, *Gondwanaland*, der Südamerika, Afrika, Indien, Australien und weite Gebiete des Pazifik bis zu den Osterinseln zu einem einheitlichen Landkomplex vereinte. Im Verlauf der Trias-, Jura- und Kreidezeit sind diese beiden in west-östlicher Richtung verlaufenden Großkontinente durch senkrechte Brüche wohl in Einzelteile zerlegt worden. Der Nordkontinent spaltete sich in Nordamerika, Atlantis und Nordeurasien auf; der Südkontinent in Südamerika, Indo-Afrika, Australien und das im Pazifik gelegene Lemurien.

Es ist durchaus denkbar, dass im Tertiär- und Quartärzeitalter Kontinentreste der beiden paläozoischen Großkontinente, Atlantis und Lemurien, noch existiert haben. Auch gab es bis in die geologisch jüngere Zeit

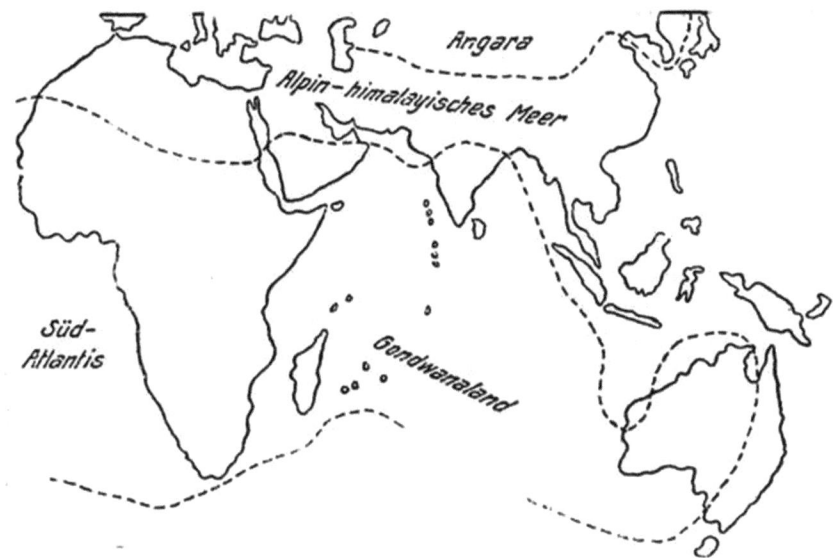

hinein im Norden Europas eine einheitliche Landmasse, die *Island, Grönland, Spitzbergen und Skandinavien* zu einem großen Komplex verband, ein nordischer Großkontinent, der allerdings während der zahlreichen Eiszeiten des Quartärs oft völlig mit polarem Packeis bedeckt war. Man muss sich vorstellen, dass in der damaligen Zeit Skandinavien eine Insel war, da die Landbrücke nach Russland noch unter Wasser lag; die Ostsee ging also unmittelbar über in das Eismeer. Aber diese Insel Skandinavien war durch eine Landbrücke mit Grönland direkt verbunden, sodass wir uns eine ungefähre Vorstellung von der Größe und Ausdehnung dieses nordischen, "*hyperboreischen*" Urkontinentes erbilden können.

Nicht immer war das hyperboreische Urland völlig vereist. Geologisch ist Grönland eine sehr archaische Rumpfscholle, und unter dem bis zu 3000 m dicken Inlandeis finden sich tertiäre Basaltvorkommen, die einmal fruchttragendes Land gewesen sind. Auch muss man berücksichtigen, dass im Laufe der jüngeren Erdgeschichte Klimaschwankungen von nicht unbeträchtlichem Ausmaß aufgetreten sind. Während des Miozän, vor etwa 26 Millionen Jahren, hatten Grönland und Spitzbergen ein sehr gemäßigtes, warmes, nahezu tropisches Klima; es gediehen dort eine Fülle

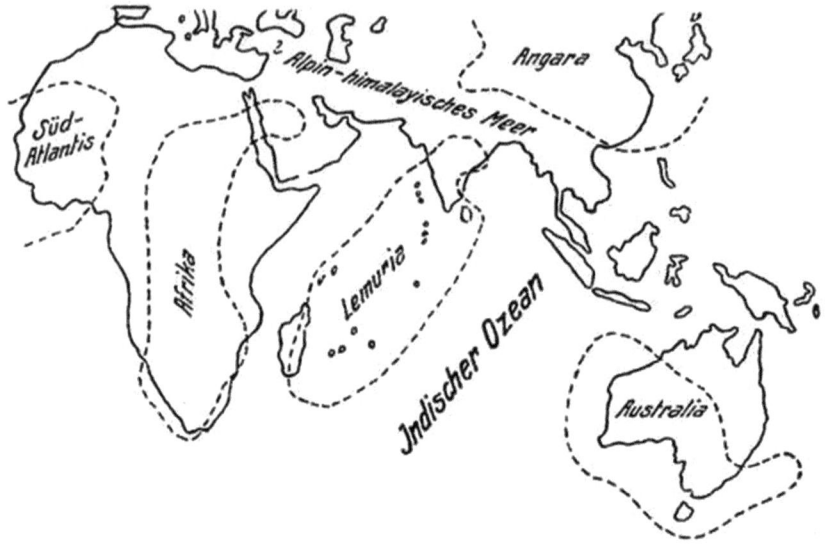

von Bäumen wie die Eibe, die immergrüne Sequoie, der kalifornische Mammutbaum, ferner Buchen, Platanen, Weiden, Eichen, Pappeln und Walnussbäume. Kurzum, Grönland trug einst südliche Pflanzen, die sonst in den nördlichen Breiten nicht vorkommen.

"Ein Team der Universität Kopenhagen unter der Leitung von Professor Willi Dansgaard führte im grönländischen Packeis tiefe Bohrungen nach uraltem Eis durch. In einer solchen Bohrprobe wurde schließlich ein hoher Anteil von Sauerstoff-18 gefunden, der auf Wärme schließen lässt. (....) Dansgaard konnte auf diese Art nachweisen, dass Grönland vor rund 900.000 Jahren eine Warmwetterperiode hatte. In weniger als 100 Jahren muss sich dann ein Wettersturz ereignet haben, der die Erde in beißender Kälte erstarren ließ. (....) Amerikanische Wissenschaftler fanden auf dem Meeresboden vor der mexikanischen Küste Beweismittel für eine plötzliche Klimaverschlechterung vor etwa 90.000 Jahren."[44]

Zu diesem Zeitpunkt muss eine globale Naturkatastrophe stattgefunden haben, wohl eine Erdachsenverschiebung, die Grönland-Island-Skandinavien, den nordischen Urkontinent, in seine heutige Lage nahe der Arktis heraufrückte.

Das legendäre Land Thule

Der hyperboreische Urkontinent, der bei südlicherer Lage und somit unter klimatisch günstigeren Bedingungen sicherlich von Menschen bewohnt war, ja vielleicht sogar eine prähistorische Hochkultur trug, ist das aus der Mythologie der antiken Völker bekannte, *sagenumwobene Land Thule*. Den Geographen des klassischen Altertums galt es als ein Land "am Ende der Welt". Ein Gedicht von J. W. Goethe beginnt mit den Worten: "*Es war ein König in Thule....*"

In dem Mythos von Thule lebt zweifellos die Rückerinnerung an ein einstmals ausgedehntes Inselreich fort, das ein bedeutsames Kulturzentrum gewesen sein muss. Und dieses Thule muss vor undenkbar langer Zeit ein kulturelles Evolutionszentrum gewesen sein, in dem die Grundlagen jener esoterischen Licht- und Sonnenreligion entwickelt wurden, die später im südlicheren Atlantis, in der europäischen Megalithkultur, im Indogermanentum, im Arier-, Kelten und Germanentum sowie in den griechischen, altiranischen und ägyptischen Mysterien weiter fortwirkte.

"Die ältesten Kulte von Thule in Island und Grönland – in Zusammenhang mit Nordatlantis – kannten einen Sonnengott" schreibt Marcel F. Homet in seinem Buch *Die Söhne der Sonne*[45]. Allerdings, Thule und Atlantis sollten nicht miteinander verwechselt werden. Unter Atlantis verstehen wir geologisch den Mittelatlantischen Rücken, der im Mesozoikum weithin über Wasser lag, wogegen Thule im Wesentlichen mit dem grönländischen Festlandmassiv gleichzusetzen ist.

Die Kunde vom untergegangenen Land Thule klingt heute nur noch wie ein Mythos in unserem Ohr. Thule wird ewig ein Geheimnis bleiben; es ist die verlorene Lichtheimat des Nordens. Und doch sind immer noch Erinnerungen geknüpft worden an dieses vor Urzeiten versunkene Nordland. Noch der griechische Seefahrer *Pytheas von Massilia* (4. Jh. v. Chr.) kennt den Mythos von einem fernen Land namens Thule, das sechs Tagesreisen nördlich von Britannien gelegen haben soll. Für den römischen Dichter *Seneca* (1–65 n. Chr.) ist *ultima Thule* allerdings nur noch ein Synonym für das "Ende der Welt":

Es heißt, dass in späterer Zeit Jahrhunderte kämen,
In denen der Ozean die Bande der Dinge löst,
Da werde die ungeheure Weite der Welt offenstehen
Und Thule nicht mehr das Ende der Welt sein.[46]

Der oströmische Historiker Prokop berichtet um 550 n. Chr. von geheimnisvollen Thulebewohnern, die nach einer 40 Tage dauernden Polarnacht die Wiederkehr der Sonne als Jahreshöchstfest begehen: "Sobald aber fünfunddreissig Tage dieser langen Nacht vorüber sind, werden etliche Männer auf die äußersten Höhen der Berge entsandt – und zwar ist dies dort Sitte –, die von dort oben auf irgendwelche Weise die Wiederkehr der Sonne bemerken und den Menschen unten im Tal melden, dass ihnen in fünf Tagen die Sonne wieder leuchten werde. Die frohe Botschaft feiert das ganze Volk, und zwar noch während der Dunkelheit, und dies ist für die Thulebewohner das größte Fest des Jahres."[47] Aber wer sind jene "Thulebewohner"?

Die Inseln im Norden der Welt

Auch dem Druidentum liegt jenes Geisteslicht zugrunde, das in den Tempeln von Thule einst angezündet wurde. Cäsar sagt über die Druiden: "Ihre Lehre soll in Britannien aufgekommen und von dort nach Gallien gekommen sein, und auch jetzt noch reist, wer sie genauer erfassen will, meist dorthin, um sie zu lernen" (*De Bello Gallico* VI / 13). Von Britannien wird der Suchende weiter nach Irland verwiesen. Aber auch Irland scheint nicht der älteste Ursprung druidischer Lehren zu sein. In einem irischen mittelalterlichen Text, der *Schlacht von Mag Tured*, wird gesagt, dass die Tuatha De Danaan, ein Geschlecht vorzeitlicher Götter, das Druidentum von ominösen "Inseln im Norden der Welt" mitgebracht hätten: "Die Tuatha De Danaan waren auf den Inseln im Norden der Welt, auf denen sie Wissenschaft und Magie, Druidentum, Weisheit und Kunst erlernt."[48]

Ferner berichtet der Text, dass es auf den "Inseln im Norden der Welt" vier Städte gegeben habe, in denen das Druidentum gelehrt wurde: Falias, Gorias, Murias und Findias. Dort befanden sich auch die vier magischen Universalmittel der Thuata De Danaan: der Stein der Weisheit, der Speer des Sieges, das Lichtschwert und der Kessel der Fülle. Wir dürfen annehmen, dass Thule schon vor Atlantis ein für den Norden Europas bedeutendes Mysterienzentrum gewesen ist; von dort sind richtungweisende Impulse ausgegangen, die das spätere Druidentum wie auch die Religion der Germanen entscheidend geprägt haben.

Das Druidentum hat zwar erst durch die keltischen Völker Europas seine endgültige Form erhalten, aber die Essenz seiner Lehren geht auf weitaus ältere, präkeltische, bronze- oder megalithzeitliche, wenn nicht gar atlantische Ursprünge zurück. Es gehört einer Einweihungstradition an, die man als die *hyperboreische* bezeichnen kann, da sie ihren Ursprung auf unbekannte Länder des hohen Nordens zurückführt. In der Antike wurde der Norden symbolisch durch das Sternbild des Großen Bären ausgedrückt, das auf den Polarstern zeigt. Der Römer Lucanus weist den Kelten nordischen, ja arktischen Ursprung zu, wenn er sie in *Pharsalia* I, 450–458 zu den Völkern rechnet, "auf die der Große Bär niederblickt". Keltische wie auch präkeltische Völker wurden in der Antike ziemlich vage als "Hyperboreer" bezeichnet. Der irische Invasionsmythos spricht von "Inseln im Norden der Welt", von denen die des Druidentums kundigen Hochgötter der Kelten einst gekommen seien. Wo aber befinden sich diese Inseln? Und was hat es mit dem geheimnisvollen Volk der Hyperboreer auf sich?

Die Insel der Hyperboreer

Den alten Griechen galt Hyperborea, das "Land jenseits des Nordwindes", als ein mythisches Land im fernen Norden, Wohnort eines glückseligen Volkes und Heimat des Sonnengottes Apollon. Der griechische Autor *Hekataios von Milet* sagt: "Das Hyperboreerland liegt am Atlantischen Meere gegenüber dem Lande der Kelten" (Frgm. hist. graec. II, 386). Diese Position mitten im nördlichen Atlantik entspricht genau der Lage des nordischen Urkontinents Thule. Der griechische Historiker und Mythenerzähler *Diodor von Sizilien* berichtet uns folgendes: "Jenseits des Keltenlandes liegt eine Insel im Ozean. (....) Auf dieser Insel soll Leto geboren sein, weshalb denn auch Apollon, der Sohn der Leto, vor allen anderen Göttern dort am meisten verehrt wird. Die Einwohner sind gleichsam als Priester des Apollon zu betrachten, weil dieser Gott jahraus, jahrein Tag für Tag von ihnen mit Lobgesang gepriesen und verehrt wird. Auch ein herrlicher Hain des Apollon ist dort auf jener Insel und ein berühmtes Heiligtum, das mit vielen Weihgeschenken geschmückt und im Schema der Sphären erbaut war."[49] Wenn die Insel der Hyperboreer nach Diodor „jenseits des Keltenlandes" oder – wie Hekataios sagt – "gegenüber dem Lande der Kelten" liegen soll, also jenseits der Britischen Inseln, wenn ferner *Plinius* sagt, der 9. Polarkreis (der 52. bis 57. Grad nördlicher Breite) verlaufe durch das Hyperboreerland, dann verweist dies eindeutig auf den Nordatlantik. Dort, nordwestlich von Irland, hätte diese "Insel der Glückseligen" einmal gelegen, nördlich des einstigen Atlantis-Inselmassivs. In die mythischen Überlieferungen der Griechen ist sie als die Urheimat des Lichtgottes Apollon eingegangen. In Übereinstimmung damit spricht der irische Invasionsmythos von "Inseln im Norden der Welt", von

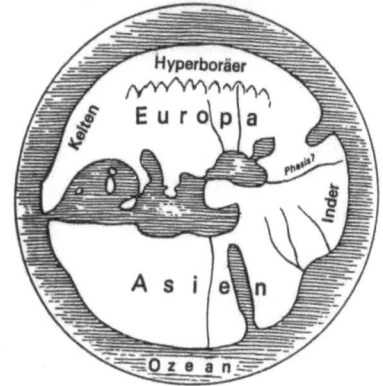

denen die des Druidentums kundigen Hochgötter der Kelten einst gekommen seien.

Apollon, mehr als nur die sichtbare Sonnenscheibe, steht als Symbol für die geistig-göttliche Sonnenkraft. Die Griechen kannten einen "hyperboreischen Apoll", der im "Land jenseits des Nordwindes" seine Heimat hat und nur besuchsweise nach Griechenland kommt, um das Orakel von Delphi und die ihm geweihte Insel Delos im ägäischen Meer aufzusuchen. Auf einem von Singschwänen gezogenen Himmelswagen kommt er dahergefahren, und dazu spielt er überirdisch schöne Musik auf einem Instrument namens Kithara, was gleichermaßen Leier, Zither oder Harfe bedeuten kann. Diodor sagt: "Immer nach 19 Jahren soll der Gott die Insel besuchen, in welchem Zeitraum die Gestirne immer wieder in dieselbe Stellung zurückkehren, weshalb denn auch bei den Hellenen ein 19jähriger Zeitraum ‚das Jahr des Meton' genannt wird."[50] Alle 19 Jahre überschneiden sich die Himmelsbahnen der Sonne und des Mondes, sodass danach dieselben Sonne-Mond-Positionen wieder zurückkehren. Dieser Zyklus von 19 Jahren war schon den Erbauern von Stonehenge bekannt; damit konnten sie künftige Sonnen- und Mondfinsternisse berechnen und vorhersagen.

Die Hyperboreerinsel wird auch die Schwaneninsel genannt. *Himerios* sagt: "Apoll kommt zu den Hyperboreern auf einem mit Schwänen bespannten Schiffswagen, und zwar vom Meer her"[51]. Ähnlich *Älian*: "Die Hyperboreerinsel liegt im nördlichen Ozean, sie wird von den Griechen auch die Schwaneninsel genannt, weil zur Zeit der Feste Apollons unzählige Scharen von Schwänen das Heiligtum umschweben. Auch kreisen die Schwäne siebenmal singend um die Insel, worauf Apollon sieben Saiten auf seine Lyra spannt, weil die Schwäne siebenmal singen. "[52] Da Apollon der urnordische Licht- und Sonnengott ist, der Baldur-Bel der germanisch-keltischen Welt, so tritt der Schwan überall als sein Geleittier auf. Galt doch den Völkern des Altertums der Schwan als Sonnentier. Der Wegzug der Schwäne im Herbst und ihre Wiederkehr im Frühjahr entsprach dem Lauf der Sonne im hohen Norden, und es lag nahe, den Schwan als Geleittier des Sonnengottes zu betrachten. Selbst der Schwanenritter Lohengrin, der Elsa von Brabant auf einem von Schwänen gezogenen Wagen zu Hilfe kommt, ist nichts anderes als ein Archetyp des göttlichen Sonnenhelden.

Mit der Sage vom Volk der Hyperboreer haben wir einen Mythos, der sich eindeutig auf das untergegangene Thule bezieht. Hyperborea heißt wörtlich übersetzt "jenseits (*hyper*) des Nordwindes (*boreas*)"; denn der Boreas war bei den Griechen der Gott des Nordwindes, ein Bruder des Zephiros, des Notos und des Euros, also des West-, Süd- und Ostwindes. Seinen Wohnsitz hatte Boreas angeblich im thrakischen Salmydessos am Schwarzen Meer. Thrakien war in der griechischen Vorstellungswelt so ziemlich das Nördlichste, das man sich denken konnte, aber Hyperborea lag noch weiter nordwärts, in einer für griechische Begriffe kaum noch vorstellbaren Ferne. Da Thrakien nach heutigen Vorstellungen mit dem nördlichen Balkan gleichzusetzen wäre, so käme für das "jenseits des Nordwindes" gelegene Land wohl nur ein Gebiet nördlich der Alpen und Karpathen in Frage. Da denkt man natürlich gleich an Osteuropa, an die weite russische Steppe, an das Land der Skythen und Sarmaten. Aber weit gefehlt! Denn nach Diodor soll Hyperborea eine "Insel im Ozean" gewesen sein, und zwar eine "jenseits des Keltenlandes" gelegene. Es galt im Mythos als das Land, wo der Bernstein wächst, und wo der sagenhafte Fluss Eridanos fließt, an dessen Ufern Phaeton mit seinem Sonnenwagen einstmals abstürzte. Euripides dichtet gegen Ende des 5. Jahrh. v. Chr. ein Chorlied von unvergleichlicher Schönheit, in dem er alle Sagen über das ferne, geheimnisvolle Nordland aufleben lässt:

Könnt ich, ein leicht beschwingter Vogel,
Der befiederten Schar schwebendem Zug folgen!
Schweben über der Adria wogende Meeresbahnen,
Zu des Eridanos Ufern,
Wo der trauernden Schwestern Schar,
Weinend um Phaeton,
In die purpurnen Fluten des Flusses
Träufelt das Gold ihrer Tränen,
Des Bernsteins Glanz!
Dich, Hesperiden-Gefilde, sucht mein Flug!
Land des Gesangs und der goldenen Äpfel,
Wo der Gebieter des purpurnen Meeres
Schiffern die Weiterfahrt wehrt,
Wo an heiliger Grenze der Welt
Brausen die Wogen,
Wo Atlas den weiten Himmel hält –
Da steht der Palast, wo der König der Götter
Die Hochzeit begangen,
Wo die reiche, die heilige Flut
Des Quells aus nährendem Erdschoß
Den Göttern ewigen Segen spendet.[53]

Ogygia – die Insel des Kronos

D ie Insel Ogygia ist ein mythisches Eiland, zu dem einst Odysseus gesegelt sein soll; dort geriet er in Gefangenschaft der Nymphe Kalypso. Aber Ogygia liegt keineswegs im Mittelmeer, sondern im "Kronos-Meer", worunter die antiken Schriftsteller die Nordsee verstanden. Auf der Insel Ogygia schläft Kronos, der von seinem Sohn Zeus gestürzte Gott, in einer unterirdischen Grotte. Ihre geographische Lage beschreibt Plutarch genau: "Ich bin nur der Darsteller und will euch darum vorweg seinen Dichter nennen, und zwar will ich, wenn ihr nichts dagegen habt, mit dem homerischen Vers beginnen; *Eine Insel, Ogygia, liegt weit draußen im Meere*', fünf Tage Seefahrt von Britannien aus. Drei weitere Inseln liegen davor, ebenso weit von ihr und voneinander entfernt, ungefähr wo die Sonne im Sommer untergeht [im Nordwesten]. Auf einer von ihnen, so erzählen die Barbaren, ist Kronos von Zeus eingekerkert und hat Briareos zum Wächter."[54]

Pytheas von Massilia hatte seinerzeit gesagt, Thule liege sechs Tagesreisen nördlich von Britannien; nach Plutarch befindet sich die Insel Ogygia "fünf Tage Seefahrt von Britannien aus" entfernt, und zwar in nordwestlicher Richtung. Die geographischen Angaben stimmen also weitgehend miteinander überein! Jedoch klingt die weitere Beschreibung der Insel Ogygia ziemlich phantastisch. Ich zitiere nochmals Plutarch: "Denn wunderbar sei die Natur der Insel und die Milde der sie umwehenden Luft (...). Kronos selbst sei schlafend von einer tiefen Höhle aus goldfarbenem Gestein umschlossen; der Schlaf sei als Fesselung von Zeus über ihn verhängt; Vögel, die vom Gipfel des Felsen her hereinflögen, brächten ihm Ambrosia, und die ganze Insel sei von einem Wohlgeruch erfüllt, der sich vom Felsen her wie von einer Quelle verbreite. Jene Dämonen versorgten und bedienten den Kronos und seien seine Gefährten gewesen damals, als er über Götter und Menschen König war."[55]

Kronos haust also auf der Insel Ogygia, umgeben von Dämonen, d.h. Halbgöttern, die einst mit ihm die Herrschaft über die Welt geteilt haben. War "*Kronos*" jener legendäre "*König von Thule*", von dem noch ein Goethe dichtet, der Herrscher des Goldenen Zeitalters? Die Sage, dass Kronos nach seinem Sturz auf einer Insel am Rande der Welt hause, kennt auch

Hesiod. Die Insel befindet sich nach seinen Angaben "bei des Okeanos Strudeln", also mitten im Atlantik. Dort wohnen "Halbgötter", ein "göttlich Geschlecht von Helden":

> Zeus, der Kronide, ließ sie hausen am Rande der Erde,
> Auch den Unsterblichen fern, und Kronos wurde ihr König;
> Und dort wohnen sie nun mit kummerentlastetem Herzen,
> Auf den seligen Inseln und bei des Okeanos Strudeln,
> Hochbeglückte Heroen; denn süße Früchte wie Honig
> Reift ihnen dreimal im Jahr die nahrungsspendende Erde.[56]

Das legendäre Aryana Vaejo

ie antiken Quellen über eine Insel namens Thule, Hyperborea oder Ogygia verdichten sich allmählich zum Bild eines Kulturzentrums, das in der Mitte des nordatlantischen Ozeans gelegen haben muss. Dieses "hyperboreische" Zentrum, wenn wir es einmal als Hypothese gelten lassen wollen, war die Urheimat der Licht- und Sonnen-Esoterik von Atlantis und aller indogermanischen Mysterienreligionen, der keltischen ebenso gut wie der germanischen, griechischen, iranischen und indischen. Die in südliche Weltgegenden abgewanderten Indogermanen besaßen in ihrer Frühzeit noch ein klares Bewusstsein vom nordischen Ursprung ihrer Religion und Mysterienwelt. Die Urheimat des Nordens, das versunkene Königreich Thule, war noch in ihnen lebendig.

Der altindische Brahmanismus, eine kraftvolle indogermanische Religion, niedergelegt in den geheiligten Vedas, weiß seine Herkunft auf ein geheimnisvolles nordisches Mysterienzentrum zurückzuführen. Der indische Brahmane Bal Gangadhar Tilak (1856–1920) hat in zwei gelehrten Abhandlungen, *Orion* und *Die arktische Heimat der Veden*, den Beweis dafür erbracht. In der altiranischen Religion Zarathustras, wohl um 600 v. d. Ztw. entstanden, finden wir Hinweise auf ein "Arierstammland" namens *Aryana Vaejo*, wo der "herdenreiche" König Yima einst geherrscht haben

soll. Seine geographische Lage wird nicht genau beschrieben, doch wird deutlich zu erkennen gegeben, dass dies Land im hohen Norden lag. Dem König Yima wurde prophezeit, dass "strenge, vernichtende Winter" kommen würden; daher verließ er mit seinen Getreuen das Nordland. In grauer Vorzeit müssen globale Klimaveränderungen stattgefunden haben, möglicherweise gar eine Polverschiebung, die den Urkontinent Hyperborea in das Gebiet der heutigen Arktis heraufrückte. Noch heute gibt es auf Grönland einen Luftwaffenstützpunkt, der "Thule" heißt!

Der Name *Aryana Vaejo* bedeutet in wörtlicher Übersetzung: *Arier-Weißland*. Mit den "Ariern" sind die Aryas gemeint, jene ostindogermanischen Stämme, die vor langer Zeit in Nordwestindien und in die iranische Hochebene einwanderten. Die Bezeichnung "Weißland" soll wohl andeuten, dass es sich um ein nördliches, schnee- und eisbedecktes Land gehandelt habe. In den heiligen Schriften der Zarathustra-Religion, dem *Zend-Avesta*, wird es so beschrieben: "Zehn Monate ist dort Winter, nur zwei Monate ist Sommer und während dessen sind die Gewässer gefroren. Dort ist des Winters Mittelpunkt und des Winters Herz. Wenn der Winter vorbei ist, kommen dort viele Überschwemmungen vor."[57] Es ist wohl davon auszugehen, dass mit dem *Aryana Vaejo* der Zarathustra-Religion nur Thule gemeint sein kann; denn es ist ja ein „hyperboreisches" Land nahe am Polarkreis. In dem folgenden Text wird geschildert, wie Eiszeiten und Überschwemmungen von furchtbarem Ausmaß die Indoarier zwingen, ihr Stammland zu verlassen und südlichere Gegenden aufzusuchen:

> 20. Der Schöpfer Ahura Mazda [Gott] veranstaltete eine Versammlung zusammen mit den geistigen Yazatas [Engeln] im arischen Gebiet Aryana Vaejo, wo der gute Daitya strömt. Hinzu kam der herdenreiche König Yima mit den besten Menschen, er, der berühmt ist in Aryana Vaejo.
> 22. Da sprach Ahura Mazda zu Yima: ‚Schöner Yima, über die schlechte körperliche Welt werden strenge, vernichtende Winter kommen; von nun an werden Wolken Schnee auf die höchsten Berge und die Niederungen der Ardiva schneien.

23. Zu einem Drittel wird alsdann das Vieh davonkommen, welches an den gefährlichsten Orten ist....

24. Vor dem Winter pflegte dieses Land Grasweide zu tragen, darauf soll dann bei der Schneeschmelze Wasser in Massen fließen, und unbetretbar für die stoffliche Welt wird es hier erscheinen, o Yima, wo jetzt der Tritt der Schafherden zu sehen ist.[58]

Möglicherweise werden hier Überschwemmungen angesprochen, die sich beim Abklingen der letzten Eiszeit im nordatlantischen Raum abgespielt haben können. Solchen Überschwemmungen sind vielleicht auch jene Inseln nordwestlich von Irland, die in den antiken Quellen noch erwähnt werden, zum Opfer gefallen. Das grüne Weideland, wo König Yima seine Herden grasen ließ, könnte *Grönland* gewesen sein, das einstige "Grünland" des Nordens. Dieses war nicht bloß die Stammheimat der späteren Arier und Indogermanen, sondern des modernen Menschentyps überhaupt, des *Cromagnon*-Menschen. Als sich vor 90.000 Jahren eine gewaltige Klimaverschlechterung ereignete, infolge einer Verschiebung der Erdachse in ihre heutige Position, gegenüber der Sonnenachse um 23 ½ Grad geneigt, mussten die Bewohner der Region auswandern – zunächst in das südlicher gelegene Atlantis, dann nach Eurasien, Amerika, in andere Teile der Welt. Der Siegeszug des *homo sapiens fossilis*, des überlegenen Typus im Vergleich zu den anderen hominiden Rassen, war nicht mehr aufzuhalten. Aber eine Erinnerung an die verlassene nordische Urheimat haben sich die Zarathustrier in ihrem Mythos vom "Arierstammland" Aryana Vaejo noch bewahrt.

Die Irminsul als Nordsäule

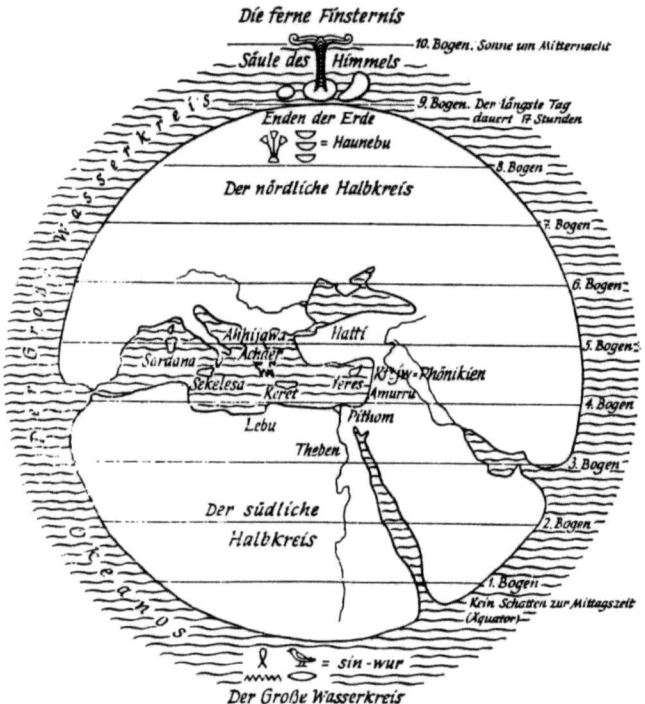

Die ferne Finsternis

Säule des Himmels

10. Bogen. Sonne um Mitternacht

Enden der Erde

= Haunebu

9. Bogen. Der längste Tag dauert 19 Stunden

Der nördliche Halbkreis

8. Bogen

7. Bogen

6. Bogen

Alhijawa   Hatti

Achaer

5. Bogen

Sardana

Sekelesa   Keret   Teres

Ki'na·Phönikien

Amurru

4. Bogen

Lebu   Pithom

Theben

3. Bogen

Der südliche

Halbkreis

2. Bogen

1. Bogen

Kein Schatten zur Mittagszeit

(Äquator)

= sin-wur

Der Große Wasserkreis

Eines der bekanntesten Wahrzeichen des Königreichs Thule ist die *Irminsul*, die himmelstützende Weltensäule. Noch die heidnischen Sachsen kannten ein solches Symbol; der Mönch Rudolf von Fulda berichtet uns von ihren Bräuchen: "Laubreichen Bäumen und Quellen brachten sie Verehrung dar. Sie verehrten auch einen Baumstamm von nicht geringer Größe, der hoch hinauf unter freiem Himmel errichtet war. In der Sprache ihrer Väter nannten sie ihn *Irminsul*; lateinisch bedeutet das die *Allsäule*, da sie gleichsam alles stützt."[59] Die Allsäule, die alles stützt – diese berühmte, in zahlreichen Berichten seit ältester Zeit von Ägyptern, Assyrern, Hethitern, später von Griechen und Römern genannte "Nordsäule, die unter dem Polarstern steht und den Himmel hält", die

Weltensäule des Atlas, wurde erst später auf die westlichen "Inseln der Hesperiden" verlegt; ursprünglich dachte man sie in den arktischen Regionen des hohen Nordens.

Im Weltbild der Ägypter stand die Allsäule des Atlas unter dem Polarstern [Abb. S. 100]. Von den Nordmeervölkern, die um 1195 von Pharao Ramses III. vernichtend geschlagen wurden, heißt es in den Inschriften auf den Tempelwänden von Medinet Habu, sie seien "von den Säulen des Himmels" gekommen. Man nannte sie auch die "Völker vom neunten Bogen". Die Ägypter dachten sich den Erdkreis in neun Bogen unterteilt, von zwar von Süden nach Norden, weshalb der ganze Erdkreis "alle neun Bogen" genannt wurde. Der neunte Bogen lag nach ihrer Vorstellung "an den Enden der Erde im fernsten Norden". Die Himmelssäule, die dort steht, nannten die Griechen *stele boreios* – Nordsäule, getragen von dem Titanen Atlas, der selbst die personifizierte Weltensäule darstellt. Atlas gilt auch als Begründer des Königsgeschlechts der Atlanter. Homer nennt Atlas den "allerforschenden, welcher des Meeres / dunkle Tiefen kennt und allein die ragenden Säulen / hoch hält, welche die Erde vom hohen Himmel sondern".

Eine Flottenexpedition unter Drusus Germanicus, die ausgesandt wurde, um nach diesen berühmten himmelstützenden Säulen des Nordens zu suchen, kehrte nicht mehr zurück; es erhob sich nämlich ein furchtbarer Sturm, sodass die römischen Schiffe teils versanken, teils im Schlamm des Weltmeeres aufliefen oder zur Küste zurückgetrieben wurden. Der Großteil der römischen Besatzung kam dabei um; ein Überlebender – es war der Reiteroffizier Albinovanus Pedo – bemerkte, dass es nicht gelungen sei, bis zu den "Maßsäulen (*metas*) an der äußersten Küste der Erde" vorzudringen:

Aber die Götter rufen: Zurück!
Die Weltengrenze zu schaun ist
Menschenaugen verwehrt.
Was stören unsere Ruder
Fremde Meere, die heiligen Gewässer,
Der Götter stille Sitze?[60]

Hesiod gibt als Ort des Atlas "das furchtbare Haus der finsteren Nacht" an: "Vor diesem hält der Sohn des Japetos den weiten Himmel, stehend, mit Kopf und unermüdlichen Händen, unentwegt, wo die Nacht und der Tag sich näherkommen und miteinander reden"[61] – möglicherweise ein Hinweis auf die taghellen Nächte im Lichte der Mitternachtsonne. Die "Säule(n) des Himmels" können nur in dem untergegangenen Königreich Thule gestanden haben, dem arktischen oder polaren Ursprungsort des weltweit verbreiteten Weltenstützerkultes, geologisch das Grönland der Tertiärzeit nördlich des einstigen Atlantis-Kontinents. Die Himmelssäule des Atlas wandelte sich später zum *immergrünen Lebensbaum*, zum *Weltenbaum*. Die Sachsen verehrten die *Irminsul*, die bei den Externsteinen in Westfalen aufgestellt war, in Gestalt einer hohen Baumsäule. Der alte Weltenstützergott Atlas wurde bei den germanischen Völkern *Er, Yr, Ir, Ermin* oder *Irmin* genannt; daher auch die Bezeichnung "Irminsul". "Yr" scheint ein Beiname des altgermanischen Himmelsgottes *Tyr* gewesen zu sein.

In der Megalithkultur Europas wurde die Weltensäule des Atlas offensichtlich durch den einsam dastehenden, senkrecht aufragenden *Menhir* versinnbildlicht. In der Bretagne gibt es viele solcher Menhire, der höchste vielleicht der berühmte Hochstein von Locmariaquer, der ursprünglich bis zu einer Höhe von 23 Metern aufragte! Der griechische Geograph Scymnos von Chios, der im 1. Jahrhundert v. Chr. lebte, kannte noch diese steinerne "Weltensäule", die auch von den dort lebenden Kelten als Kultmal verehrt wurde. Er schreibt: "Die Kelten haben griechische Bräuche .... An der äußersten Grenze ihres Landes befindet sich eine solche Säule (*stele*) ... sie erhebt sich gegen das Meer vor den stürmischen Wogen. (....) Die Bewohner der Gebiete um die Säule sind die letzten Kelten und die Veneter."[62] Die Veneter, diese "letzten Kelten", die am äußersten Rand der Bretagne wohnten, waren sie vielleicht ein letzter Rest versprengter Atlanter? Oder überlebende Hyperboreer? Möglicherweise bildet gerade dieses kleine unbekannte Volk das bisher nicht berücksichtigte Verbindungsglied zwischen der alten versunkenen Thule-Kultur und der Welt des keltischen Druidentums.

Das Thule-Erbe in Amerika

Auf der Grundlage der vergleichenden Symbolforschung hat Professor Hermann Wirth versucht, eine "arktische Urreligion" der Menschheit wiederzugewinnen, die ihr Zentrum im Nordatlantik gehabt haben soll. In Indien, West- und Nordeuropa wie auch in Amerika glaubte er die Spuren dieser unbekannten Urreligion erkennen zu können. Thule muss als Kulturzentrum eine geistige Strahlkraft besessen haben, die sich über die gesamte westliche Hemisphäre erstreckte, ja bis in die Welt des prähistorischen Amerika hinein. Bei den Tolteken gibt es eine Überlieferung von einer Urheimat namens *Tula* (Thule?), die im Osten gelegen habe; von dort seien die Tolteken in ihre jetzigen Stammsitze eingewandert.

Als Quelle wollen wir das *Popol Vuh*, das heilige "Buch des Rates" der Quiche-Maya anführen. Dort wird berichtet, dass es in Tula / Thula / Thule eine Hauptstadt gegeben habe. Sie hieß bei den Indianern "Höhle von Tula" (Höhle = Burg?) oder "Sieben Schluchten": "Sie hatten aber von einer Stadt gehört, und dorthin zogen sie. Der Name des Ortes (....) war: die Höhle von Tula. Sieben Höhlen, Sieben Schluchten. (....) So denn gelangten sie alle nach Tula. Unmöglich, alle Zusammenströmenden zu zählen. Sehr viele waren es, und wohlgeordnet kamen sie herbei."[63] Dann wird der Aufbruch der Stämme von Tula geschildert: "Aus Tulan kam ihre Macht und ihre große Weisheit. Im Dunkel der Nacht vollbrachten sie ihre Werke. Dann zogen sie aus, rissen sie sich los, ließen sie den Osten hinter sich."[64] Demnach lag Tula im Osten, östlich von Amerika – im Gebiet des zentralen oder nördlichen Atlantik!

Bei ihrer Wanderung von dort in das heutige Mexiko mussten die Stämme auf einer Untiefe das Meer überqueren: "Sie merkten es kaum, wie sie das Meer kreuzten. Als ob es kein Meer gäbe, überschritten sie es; über Steine schritten sie. (....) 'Treibsand' nannte man die Stelle; die das sich teilende Meer überschritten, gaben den Namen. So gelangten sie hinüber."[65] Jedenfalls wird hier eindeutig eine Besiedlung Amerikas von Osten her geschildert, und zwar einschließlich einer Meerüberquerung. Bei den Indianern Mittelamerikas hat sich die Überlieferung einer einstigen Ostbesiedlung noch lange Zeit bewahrt. Von den Mayastämmen auf der

Halbinsel Yucatan heißt es: "Den spanischen Berichten zufolge glaubten sie, dass sie wenigstens zu einem Teil von Menschen abstammten, die unter der Führung eines Mannes namens Votan übers Meer gekommen waren. Von ihm hieß es außerdem, er sei von weißer Hautfarbe gewesen und mehrmals in seine alte Heimat zurückgekehrt."[66] Der Name "Votan" erinnert natürlich an *Wotan / Wuodan*, den obersten Gott des germanischen Pantheons.

Die Begegnung mit einer hellhäutigen europiden Population – möglicherweise sogar Atlanter – hat im kollektiven Gedächtnis der indianischen Völker tiefe Spuren hinterlassen. Diese Überlieferung kristallisiert sich in Gestalt des großen Kulturbringers *Quetzalkoatl*, der bei den Mayastämmen als *Kukulkan* bekannt war, bei den Inkas als *Virakocha* verehrt wurde. Quetzalkoatl war ursprünglich kein Gott, sondern eher ein legendärer Vorzeitheld, der im nachhinein zum Mythos verklärt wurde: als Herr des Zauberwissens und der Dichtkunst (Wotan?), auch als Kulturstifter, Staatengründer und erster König der Indianer. Spätere Könige der Tolteken und Azteken nahmen seinen Namen als Ehrentitel an. Quetzalkoatl wird als europid, hellhäutig, blauäugig und vollbärtig beschrieben; er sei aus einem "Land im Osten" gekommen und dorthin zurückgekehrt. War dieses Land im Osten das legendäre Atlantis? Oder war es Thule, das Kulturlicht des Nordens, Brückenkopf zwischen der Alten und der Neuen Welt?

Es gab übrigens auch eine *südamerikanische Megalithkultur*, mit Steinsetzungen und geheimnisvollen Inschriften, deren Herkunft bis heute als ungeklärt gilt. Im Nordwesten Argentiniens, einer abgelegenen, von den Strömen der Weltgeschichte unberührten Gegend, ragen vorgeschichtliche Steinsäulen auf – Menhire, gleich denen in der Bretagne –, umgeben von reichhaltigen Bodenfunden. Rätselvoll wie die Gestalten der Osterinsel, sind die gewaltigen steinernen Male keineswegs indianischen Ursprungs, sie stammen aber ebenso wenig von den Wikingern. Sie sind viel, viel älter. Alles, auch die Inschriften – runenähnliche Zeichen –, zeigt eine zunächst ganz unbegreifliche Verwandtschaft mit der prähistorischen Megalithkultur Europas. "Auch die in Südamerika zusammengestellten Menhire haben zumindest in einigen Fällen astronomische Bedeutung" schreibt J. de Mahieu in seinem Buch über die Megalithbauer in Südamerika mit dem Titel *Die Erben Trojas*[67].

Es bleibt immer noch ein ungelüftetes Geheimnis, welche Verbindungswege zwischen dem präkolumbianischen Amerika und dem Europa der Jungsteinzeit bestanden haben. Ob die Wikinger unter Leif Eriksen tatsächlich die ersten Europäer waren, die amerikanischen Boden betraten, bleibt ungewiss. Inwieweit haben westliche Einwanderer, die aus dem Europa der Megalithkultur kamen, das Gesicht der Ur-Kultur Amerikas geprägt? Ja es scheint, dass noch am Ende der Antike seefahrende Nationen wie die Karthager und Kelten um die Reisewege nach Amerika gewusst haben. In diesem Zusammenhang erwähnen Gilbert / Cotterell in ihrem Buch über die Maya-Zivilisation die "Funde mit karthagischen und keltischen Inschriften in Amerika. Nach Berry Fell (einem anerkannten Experten auf dem Gebiet der Epigraphie oder Inschriftenkunde) gibt es an mehreren Stellen in den Vereinigten Staaten phönikische Inschriften. (....) Neben den phönikischen Inschriften fanden sie auch solche in *Ogham*, der Schriftsprache der Kelten."[68]

Thule muss in vorgeschichtlicher Zeit ein machtvolles Kulturzentrum gewesen sein, dessen Wirkungsbereich sich nach Europa, Ägypten, Vorderasien, Nord- und Südamerika, ja bis ins Innere Zentralasiens erstreckte. So war Thule mit seinen Sonnen-Mysterien nicht nur das "Licht des Nordens", sondern in gewisser Weise das "Licht der Welt" überhaupt. Dem steht freilich eine Geschichtsbetrachtung entgegen, die den Ursprung aller Weltkulturen im Vorderen Orient, in Mesopotamien, Ägypten und Indien sieht; die Bewohner des vorgeschichtlichen Nordens erscheinen in dieser Sicht als kulturlose Barbaren, die erst durch ihren Kontakt mit der Welt des Ostens die Segnungen der Zivilisation erfahren hätten. Diese Geschichtsbetrachtung, schlagwortartig zusammengefasst in dem Satz *Ex Oriente Lux* ("Aus dem Osten kommt das Licht"), gilt mittlerweile als widerlegt. Der Norden besaß schon in grauer Vorzeit eine weitaus höhere Kultur als man bisher angenommen hatte.

Das nördliche Shambhala

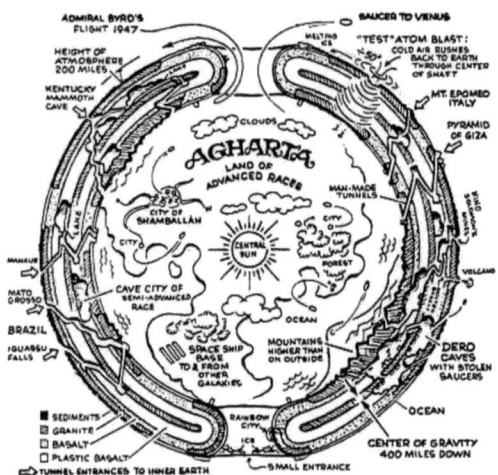

Das *nördliche Shambhala* existierte vor Urzeiten als ein Kulturzentrum, das seine geistigen Impulse nicht nur ins Innere Asiens ausstrahlte, sondern auch in das versunkene Atlantis sowie nach Nord- und Südamerika sowie in das vorgeschichtliche Europa. Und dieses Kulturzentrum befand sich – wie könnte es anders sein! – in den polaren Regionen der Arktis. Es wird als eine *Insel im Meer* beschrieben, fruchtbar zwar und grün bewaldet, aber auf allen Seiten von Mauern undurchdringlichen Eises umgeben.

Die brahmanische Überlieferung spricht von einer großen Insel von unvergleichlicher Schönheit, die vor sehr langer Zeit in der Mitte eines gewaltigen Meeres gelegen haben soll, nördlich der Stelle, wo sich jetzt der Himalaya befindet – in Zentralasien, in der Wüste Gobi, in Sibirien oder noch weiter nördlich. Diese Insel soll einst von den Menschen des "Goldenen Zeitalters" bewohnt gewesen sein. Eine ganze Reihe von Tibetern siedeln Shambhala in Nordsibirien oder in der Arktis an. Hierzu der Tibetforscher Edwin Bernbaum: "Khetsün Zangpo erklärte mir: 'Shambhala ist nicht Russland. Es ist nördlich der von Menschen bewohnten und für Menschen nutzbaren Landstriche. Es ist irgendwo in den weiten Eis-

wüsten.' Lama Kunga Rinpoche drückt sich etwas präziser aus: 'Shambhala ist wahrscheinlich am Nordpol, da der Nordpol – ganz wie Shambhala – von Eis umschlossen ist.' "[69]

Ähnlich äußerte sich der russische Maler, Schriftsteller und Archäologe Nicholas Roerich (1874–1947): "Im Osten weiß man von zwei Shambhalas – einem irdischen und einem unsichtbaren. Viele Spekulationen sind über die Lage des irdischen Shambhala veröffentlicht worden. Es gibt Anzeichen dafür, dass sich dieser Ort im hohen Norden befindet, und so wird berichtet, dass die Strahlen des Polarlichts identisch mit den unsichtbaren Strahlen Shambhalas sind."[70]

Das nördliche Shambhala ist identisch mit dem Lichtzentrum Thule. Von dieser polarischen Urkultur aus laufen geheime geistige Verbindungsfäden sowohl nach Zentralasien als auch nach Atlantis sowie zu den großen kulturellen Zentren des vorgeschichtlichen Amerika und Europa. In dieser Polarurkultur haben wir das gemeinsame Zentrum gefunden, das mit seinen Ursymbolen der Weltensäule und des Lebensbaumes das Indianertum Amerikas, das Druidentum Europas, den Schamanismus der innerasiatischen Völker, die Religionen Indiens, Tibets und Chinas gleichermaßen geprägt hat; alle spirituellen Traditionen und Weltkulturen gehen letztes Endes auf dieses arktisch-polare Zentrum zurück. Dabei wäre es denkbar, dass diese im Umkreis des Nordpols gelegene Insel in weit zurückliegender Zeit noch in klimatisch gemäßigten Breiten lag; erst mit der Verlagerung der Erdachse wurde diese einst fruchtbare Insel auf das Gebiet des heutigen Nordpols verschoben und zugleich in eine Art jenseitiges Paradies verwandelt.

Zu den zahlreichen Quellen, die vom Urkontinent Thule berichten, gehört auch das monumentale vierbändige Werk *Die Geheimlehre* (1888) der russischen Mystikerin Helena Petrowna Blavatsky. Das sagenhafte Land der Hyperboreer ist für sie ganz real "der früheste vorlemurische Kontinent, welcher einstmals das gegenwärtige Grönland, Spitzbergen, Schweden, Norwegen usw. umfasste"[71], in einer sehr frühen Phase der Menschheits-Entwicklung. Sie sagt dann aber auch: "Die immer blühenden Länder (Grönland unter anderen) des Zweiten Kontinents wurden nacheinander aus Paradiesen mit ihrem ewigen Frühling in einen hyperboreischen Hades verwandelt."[72]

Wanderungen und Invasionen

Irgendwann im Laufe der letzten Eiszeit ergossen sich die nach Süden abgewanderten "Hyperboreer" in großen Völkerwanderungsströmen über alle Erdteile der damaligen Welt – nach Atlantis, Europa, Afrika, Eurasien, Nord- und Südamerika zogen die einstigen Bewohner Thules, immerzu südwärts, dabei ihre Kultur, ihre Mythen und Ursymbole ständig mit sich führend. Sicherlich muss sich der Exodus der Nordlandbewohner in periodischen Schüben, in mehreren Völkerwanderungswellen hintereinander, vollzogen haben. Mit den "Hyperboreern" tauchte indes in der diluvialen Welt ein gänzlich neuer Typus Mensch auf.

Wie uns die fossilen Funde zeigen, lebten während der Weichseleiszeit bereits zwei verschiedene Gruppen von Menschen in Europa, die Altmenschen oder *Paläanthropine*, und die Jetztmenschen oder *Neanthropine*. Unter dem Altmenschen hat man sich wohl in erster Linie den "Neandertaler" zu denken, jene unintelligente, primitive Nebenlinie des Menschenstammes, deren Vertreter seit dem jüngeren Frühglazial gelebt haben.

Den Neanthropinen kennt man in zwei Spezies, nämlich der von *Aurignac* (auch die Rasse von Brno genannt) und der von *Cro-Magnon*. Der ältere Aurignac-Mensch verdankt seinen Namen seiner Fundstelle, einer französischen Höhle im Departement Haute-Garonne; der andere wurde nach der Halbhöhle von Cro-Magnon im Departement Dordogne benannt. Äußerlich unterscheiden sich die beiden neanthropinen Spezies vom "Neandertaler" erheblich: sie waren wesentlich größer, meist um die 180 cm, besaßen eine hohe Stirn und hatten weder die Augenwülste noch das fliehende Kinn des Altmenschen.

Mit dem Auftreten der Neanthropinen verschwanden aus bis heute nicht geklärten Gründen plötzlich die Neandertaler aus Europa. Nur in wenigen außereuropäischen Rückzugsgebieten lebten spezialisierte Nebenzweige dieser Art noch bis zur späten Weichseleiszeit. Wäre es möglich, dass die Neandertaler als eine wärmeliebende Rasse, die über Landbrücken von Afrika nach Mitteleuropa eindrangen, dem Klimasturz der Würm-I-Periode der letzten Eiszeit nicht gewachsen waren? Dass sie, die vermutlich bräunliche Haut und schwärzliche Haare hatten, insgesamt keine für den Norden geeignete Menschenart darstellten? Oder mochten

regelrechte Kämpfe, ja prähistorische Schlachten auf den weiten Grasebenen der eiszeitlichen Welt stattgefunden haben, bei denen sich die körperlich größeren Aurignac- und Cromagnon-Menschen als die Überlegenen erwiesen haben? Jedenfalls berichten die Mythen noch der indogermanischen Kulturperiode von vorzeitlichen Kämpfen zwischen höher und niedriger entwickelten Wesen, vom Sieg der Götter über die Titanen, der Asen über die Riesen, wobei die "Götter" immer etwas Lichtes, Helles, Olympisches, man könnte sagen Apollinisches an sich trugen, während die "Titanen" das Erdhaft-Plumpe, Lehmige, Bräunliche, das Unentwickelte, Primitiv-Archaische verkörperten.

Der Kampf der Götter gegen die Titanen! Wäre es möglich, dass diesen mythischen Götterkriegen ein ganz realer menschheitsgeschichtlicher Hintergrund zugrunde liegt, ein Geschehen vielleicht, das sich vor mindestens 30.000 Jahren in Europa und Eurasien abspielte? Es handelt sich dabei um den Sieg der Neanthropinen über die archaischen Neandertaler, wobei man die älteren neanthropinen Völker, die Aurignac-Menschen, als die "polaren", die jüngeren Cromagnon-Menschen als die "atlantischen" Hyperboreer begreifen könnte. Dass die Menschen des Cromagnon-Typs atlantischer Herkunft gewesen sein könnten, das behauptet auch Marcel F. Homet, der die Wanderzüge der legendären Thule- und Atlantisbewohner nachvollzogen hat und in den Wäldern des Amazonas mit eigenen Augen degenerierte Atlanter – weißhäutige Indianer – gesehen haben will. Skelette in Hockerstellung, das Sonnenzeichen, Pyramidenbauten und Gesichtsurnen, die sich kettenförmig um die Welt ausbreiten, markieren die Stationen auf dem Wanderweg der "Söhne der Sonne", der Atlantiden.

Invasionsmythen, Götterschlachten, Titanenkämpfe – sie reflektieren, selbst noch in den Mythen der Griechen, Römer, Kelten und Germanen, den Sieg der Hyperboreer über das archaische Vormenschentum der Eiszeitperiode. Hyperboreer, polarische oder atlantische, waren jene irischen Hochgötter, die *Thuata de Danaan*, die von den "Inseln im Norden der Welt" kamen und in Irland das lehmig-plumpe Titanengeschlecht der *Fomorier* besiegten; Hyperboreer waren auch die germanischen *Asen* im Kampf gegen die *Riesen*, die griechischen *Olympier* bei ihrem Sieg über die vorzeitlichen Geschlechter der *Titanen*, *Giganten*, *Kyklopen*, den Älteren und dem Schoß der Mutter Erde Entsprossenen. Die Griechen hatten sich

mit ihrer Sage vom "hyperboreischen Apoll" am ehesten eine Erinnerung daran erhalten, dass die siegreichen "Söhne der Sonne" aus einer versunkenen Urheimat kamen, die hoch im Norden in arktischen Breitengraden liegt.

Deutlich tritt uns im griechischen Mythos auch die Gestalt des *Atlas*, des himmelstützenden Titanen, vor Augen. Er ist nichts anderes als die personifizierte Weltensäule der Hyperboreer; später wurde er zum Weisen, Sternkundigen und ersten König der Atlanter. Nach einem Wort des Diodor von Sizilien soll dieser Begründer der atlantischen Königsdynastie vor allem ein großer Astronom gewesen sein, weshalb er denn auch den Namen des Himmelsgottes *Uranos* trug: "Sie (die Atlanter) erzählen, dass Uranos als der erste König bei ihnen geherrscht und die zerstreut wohnenden Menschen in den Schutz einer umwallten Stadt zusammengezogen habe. (....) Die Gestirne habe er sorgfältig beobachtet und vieles vorausgesagt, was am Himmel geschehen werde, und so habe er die Völker das Jahr beobachten gelehrt nach den Bewegungen der Sonne, und die Monate nach der des Mondes, sowie auch die verschiedenen Jahreszeiten. Die Menge aber, unbekannt mit der ewigen Ordnung der Gestirne, und voll Staunen über die richtig eingetroffenen Weissagungen, habe geglaubt, dass, wer solche Dinge lehre, göttlicher Natur sein müsse und habe ihn, nachdem er von den Menschen geschieden war, seiner Wohltaten und seiner Gestirnkunde wegen unsterbliche Verehrung zuteil werden lassen und seinen Namen auf den Himmelsbau übertragen."[73]

So erscheint *Atlas-Uranos*, ein im nachhinein zum Gott erhobener König der Atlanter, als der Begründer der esoterischen Sternenweisheit und der Beobachtung des Sonnenlaufs im Jahreszyklus. Wäre es möglich, dass alle Sternbeobachtungszentren im vorgeschichtlichen Europa, von *Stonehenge* bis zu den *Externsteinen*, von der Sternenweisheit der Atlanter inspiriert wurden? Kaum ist es sonst erklärlich, wie im Alten Europa der Steinzeit ganz plötzlich eine hochentwickelte Sternenkunde auftaucht, die in den Sakralbauten der Megalithkultur auf so eindrucksvolle Weise Gestalt angenommen hat. Nicht nur der Sonnenkult, sondern auch die Astronomie der Vorzeit scheint auf *Atlantis-Thule* zurückzugehen, die Stammheimat aller neanthropinen Menschengruppen.

Epilog auf die Externsteine

Die bisherigen Ausführungen dürften deutlich genug gezeigt haben, dass das Externstein-Heiligtum nicht mit irgendeinem bloß regionalen Kultort in Deutschland verglichen werden kann, sondern eine Einrichtung von gesamtmitteleuropäischer, ja gesamtabendländischer Bedeutung gewesen ist. Die Externsteine waren *das* machtvolle Strahlzentrum im Herzen des vorgeschichtlichen Europa, das im Mittelpunkt eines Netzwerks geomantischer Kraftlinien stand.

Dem großen Inspirationszentrum Externsteine kam in Europa die Mission zu, den aus dem Norden kommenden Impuls der hyperboreischen Sonnen-Einweihung weiterzugeben an die großen Kult- und Orakelstätten des Südens, vor allem an Delos und Delphi. Zudem hatten die Externsteine den Auftrag, den aus dem Westen kommenden *Atlantis*-Impuls in das Zentrum Europas und noch weiter nach Osten zu tragen, wobei sich der Einflussbereich bis nach Kiew und Weißmeerkarelien erstreckte. So wurden auch die slawischen Völker in den großen mitteleuropäischen Strahlungsbereich der Externsteine einbezogen.

Die Tragik der Externsteine bestand darin, dass sie schon früh mit dem Weltmacht-Streben Roms in Konflikt kamen, erst mit dem Cäsaren-Reich, dann der römischen Papstkirche, die eben eine weltliche Machtkirche war und in jeder Hinsicht das Erbe des alten Imperiums anzutreten gedachte.

Rom gegen die Externsteine – das ist der Grundkonflikt, der sich durch die frühen Jahrhunderte der abendländischen Geschichte hindurchzieht. Dabei muss das Wirken Roms immer als ein gegen das Spirituelle, gegen die Mysterienschulen gerichteter Impuls verstanden werden, bestrebt, die Menschheit tiefer in die Materie hineinzuführen, und so richtete sich die Speerspitze Roms gegen *alle* Mysterienströmungen Europas.

Hatte das Kultzentrum bei den Externsteinen den Auftrag gehabt, den hyperboreischen Impuls vom Norden in den Süden zu bringen, so strebte Rom als die große Gegenmacht umgekehrt vom Süden in den Norden, um dort jeden auf Einweihung und geistige Befreiung gerichteten Impuls zunichte zu machen. Dies hat schon ganz richtig Edouard Schuré erkannt, der in seinem heute immer noch aktuellen Buch *Die großen Eingeweihten* (1909) schrieb: "Rom wurde die Hydra, welche die Völker mit ihren Göttern verschlang. Die Nationen der Erde wurden allmählich unterworfen und beraubt. Das mamertinische Gefängnis füllte sich mit Königen des Nordens und des Südens. Rom, das keine anderen Priester wollte als Sklaven und Marktschreier, mordet in Gallien, in Ägypten, in Judäa und in Persien die letzten Besitzer der esoterischen Weisheit."[74]

Zu der Zeit, da die Römische Kirche Weltherrschaft erlangte, war für die heidnischen Religionen eine Periode der "Götterdämmerung" angebrochen, und jedwede Esoterik sah sich gezwungen, in den Untergrund zu gehen. Aber vielleicht wird auf diese große Götter-Nacht wieder eine neue Morgendämmerung folgen, ein neuer Götter-Tag im Zeichen einer wiederverzauberten Natur. Damit wird auch zusammenhängen die Neuentdeckung und Reaktivierung der alten vorgeschichtlichen Kultstätten in Europa, in deren Reihe die Externsteine an vorderster Stelle stehen.

Appendices

Zeittafel: Die Externsteine

Vor 135 Millionen Jahren	Sedimentablagerungen an den Uferdünen des norddeutschen Jurameers
Vor 70 Millionen Jahren	Gebirgsbildung des Teutoburger Waldes und Aufrichtung der Extern-Sandsteine
Eiszeit	Das Flüßchen Wiembeke durchbricht die Kette der Externsteine
Vor 90.000 Jahren	Verschiebung der Polachse; Untergang des prähistorischen Großkontinents *Thule*
Vor 40.000 Jahren	Erstes Auftreten des *Cromagnon*-Menschen in Mitteleuropa
Vor 30.000 Jahren	Beginn der Externsteine als *Kultstätte*; Großsteinskulpturen an den Steinen
11.500 v. Chr.	Untergang von *Atlantis* (Platon); Besiedlung Westeuropas durch Atlanter
8000 – 4000 v. Chr.	Jäger der Mittelsteinzeit bei den Externsteinen
5.500 – 2.500 v. Chr.	Nutzung der Externsteine auch als *Sternbeobachtungszentrum*
Bronzezeit	Vermutlich erste Anlage des *Sacellums*
Um 750 v. Chr.	Die Kelten in Mitteleuropa (Hallstatt-Kultur). Anlage der *Kultgrotten* der Externsteine; Beginn eines druidischen Priesterdienstes dort
Um 100 v. Chr.	Die Germanen in Mitteleuropa
55 und 53 v. Chr.	Cäsar in Germanien
9 v. Chr.	Drusus stößt bis zur Elbe vor
9 n. Chr.	Sieg des Arminius über die Römer im Teutoburger Wald im Umkreis der Externsteine (wohl bei Kalkriese)
69 – 70	Aufstand der Bataver; herausragende Rolle der *Veleda* darin
21	Armin wird von Verwandten ermordet

772	Zerstörung der Irminsul durch Karl den Großen
772 – 804	Sachsenfeldzug Karls des Großen
816 – 822	Anbringung des *Kreuzabnahmereliefs* am Grottenfelsen im Rahmen der Christianisierung
822	Kloster *Corvey* an der Weser
1093	Verkauf der Externsteine samt Waldfläche an das Kloster *Abdinghof* in Paderborn
1115	Weihung der Hauptgrotte der Externsteine zur Kapelle durch Bischof Heinrich
1165	Älteste Urkunde über den Verkauf der Externsteine von 1093
1611	Beschlagnahme der Externsteine samt Grundstück durch die lippische Landesregierung
1652-66	Landgraf Hermann-Adolf zur Lippe renoviert die Externsteinanlage und erbaut das Jagdschloss
1663	Die Externsteine: Kupferstich von E. v. Lennep
1748	Ein ähnlicher Kupferstich von Ferdinand Helfreich Frisch
1802 – 1820	Landesfürstin Pauline (Regierungszeit) hat sich sehr um die Externsteine verdient gemacht
1811	Brücke zum *Sacellum* erbaut
1813	Der Wackelstein mit Eisenklammern befestigt
1824	Goethes Essay *Die Externsteine*
1836	Anlage eines künstlichen Stausees am Grottenfelsen, gespeist durch den Fluss Wiembeke
1918	Die Externsteine gelangen in das Eigentum des Landes Lippe und werden in die Liste der Naturdenkmäler eingetragen

1929	W. Teudts Buch *Germanische Heiligtümer* erscheint
1934-35	Ausgrabungen an den Externsteinen unter der Leitung von Prof. J. Andree
1948	Das Externsteingebiet wird treuhänderisch durch das Land Nordrhein-Westfalen verwaltet

Die Externsteine im Überblick

FELS I Kopffelsen	FELS II Wackelstein-felsen	FELS III Treppen-felsen	FELS IV Turmfelsen	FELS V Grottenfelsen
Der Rufer Frauengestalt	Wackelstein Himmelsziege der Hängende	Sitzbank	Sacellum Rednerkanzel	Kreuzabnahmerelief 3 Hauptgrotten Reklusen-Zelle Petrusfigur Adlertür Steinsarg Der Riese

Literaturverzeichnis

Zu den Externsteinen

Andree, Julius — Die Externsteine. Eine germanische Kultstätte, Münster 1936.

Braun, J. W. J. — Die Externsteine. Festprogramm zu Winckelmanns Geburtstag, Bonn 1858.

Buss, Winfried — Ein Gang zu den Externsteinen, Paderborn 1994.

Donop, W. G. L. — Der Externstein. In: Lippisches Intelligenzblatt 1810.

Focke, Friedrich — Beiträge zur Geschichte der Externsteine, Stuttgart-Berlin 1943.

Flaskamp, F. — Exsternsteiner Urkundenbuch, Gütersloh 1966.

Fuchs, Alois — Im Streit um die Externsteine. Ihre Bedeutung als christliche Kultstätte, Paderborn 1934.

Fuchs, Theodor — Arminius und die Externsteine. Der Kampf um die Geistesfreiheit Europas, Stuttgart 1996.

Gsänger, Hans — Mysterienstätten der Menschheit. Die Externsteine, Freiburg 1968.

Hamkens, F. H. — Der Externstein. Wege und Irrwege der Forschung, Horn 2000.

Henze, Usch — Die Externsteine. Das verschwiegene Heiligtum Deutschlands und die verlorenen Wurzeln der europäischen Kultur, Saarbrücken 2019.

Hopmann, J. — Die Ortung an den Externsteinen, Mannus 1935, S. 143, ff.

Kestermann, D. — 3000 Jahre Externsteine, Band 1 Horn 1994.

Koneckis, R. (Hg.) — Geheimnis Externstein. Ergebnisse neuer Forschungen, Detmold 1995.

Machalett, W. — Externsteine, Maschen 1970.

Matthes, W. — Corvey und die Externsteine, Stuttgart 1982.

Menke, K. T. — Lage, Ursprung, Namen, Beschreibung, Altertum, Mythus und Geschichte der Externsteine, Münster 1824.

Mundhenk, J. — Forschungen zur Geschichte der Externsteine, Bd. I-IV Lemgo 1980-83.

Neumann-Gundr. — Europas Kultur der Groß-Skulpturen. Urbilder / Urwissen einer europäischen Geistesstruktur, Gießen 1981.

Niedhorn, Ulrich	Mega-Skulpturen an den Externstein-Felsen, Frankfurt 1995.
Petersen, Heiko	Die Externsteine. Eine Wanderung durch Mythos und Geschichte, Lehrte 2011.
Schröder, Siegfried	Osning – der Götterwald. Geschichte und Ikonographie im Umfeld der Externsteine, Neustadt an der Orla 2015.
Seitz, Ferdinand	Rätsel um die Externsteine, 4. Aufl. Pähl 1962.
Speckner / Stamm	Das Geheimnis der Externsteine, Stuttgart 2002.
Teudt, Wilhelm	Germanische Heiligtümer, Jena 1929.
Tiggelkamp, G.	Die Externsteine im Teutoburger Wald, o.O., o. J.

Zur germanischen Mythologie

Börnsen, Hans	Die Prophetie der Edda. Mythos und Wissenschaft, Dornach 1989.
Die Edda	Übertragen von Felix Genzmer, Köln 1983.
Dommer, W. (Hg.)	Wie die alten Götter weiterleben, Freiburg 1990.
Golther, Wolfgang	Handbuch der germanischen Mythologie, 5. Auflage Wiesbaden 2013.
Graichen, Gisela	Das Kultplatzbuch. Ein Führer zu den alten Opferplätzen, Heiligtümern und Kultstätten in Deutschland, Hamburg 1988.
Grimm, Jakob	Deutsche Mythologie, 3 Bde., Nachdr. Wiesbaden 1991.
Grönbech, W.	Kultur und Religion der Germanen, Hamburg 1937.
Hahn, E. E.	Heiligtümer der Germanen, Gerabronn-Crailsheim 1970.
Hauer, J. W.	Urkunden und Gestalten der Germanisch-Deutschen Glaubensgeschichte, Stuttgart 1940.
Hermann, Paul	Nordische Mythologie, Berlin 1992.
Höfler, O.	Kultische Geheimbünde der Germanen, Band 1, Frankfurt 1934.
Jakoby, Edmund	Mythen und Sagen des Nordens. Die keltische und germanische Überlieferung, Köln 2017.
Jung, E.	Germanische Götter und Helden in christlicher Zeit, München 1939.
Menghin, W.	Kelten, Römer und Germanen, München 1980.
Mudrak, E. (Hg.)	Nordische Götter- und Heldensagen, Reutlingen 1961.
Müller, Rolf	Himmelskundliche Ortung auf nordisch-germanischem Boden, Leipzig 1936

Nack, Emil	Germanien. Länder und Völker der Germanen, Wien 1964.
Reuter, O. S.	Germanische Himmelskunde, München 1934.
Rudow, Alexander	Die Varusschlacht, Daun 2019.
Schröder, F. R.	Altgermanische Kulturprobleme, Leipzig 1929.
Verhagen, Britta	Götter Kulte und Bräuche der Nordgermanen. Kulturelle Wurzeln des Abendlandes in der nordeuropäischen Bronzezeit, Tübingen 1983.
Vries, Jan de	Altgermanische Religionsgeschichte 2 Bde., Berlin 1970.

Atlantis / Thule / Megalithkultur

Berlitz, Charles	Das Atlantis-Rätsel, München o. J. (Knaur-tb 3561).
Braghine, A.	Atlantis, Stuttgart 1939.
Caldwell, T.	Die Atlantis Saga, Wien 1979.
Donnelli, Ignatius	Atlantis, die vorsintflutliche Welt, Esslingen 1911.
Frank, K. A.	Sturm aus Atlantis. Das Abenteuer einer neuen Urgeschichte, Düsseldorf 1975.
Gadow, G.	Der Atlantisstreit, Frankfurt 1973.
Herrmann, A.	Unsere Ahnen und Atlantis, Berlin 1934.
Kehnscherper, G.	Auf der Suche nach Atlantis, Rastatt 1989.
Muck, Otto	Alles über Atlantis, München o. J. (Knaur tb 3548).
Schulten, A.	Atlantis, Berlin 1930.
Scott-Elliot, W.	Lemuria und Atlantis, Grafing 2006.
Spanuth, J.	Die Atlanter, Tübingen 1976.
Trent, Th.	Atlantis – versunkene Welt, Göttingen o. J.
Uehli, E.	Atlantis und das Rätsel der Eiszeitkunst, Stuttgart 1957.
Verhagen, B.	Ein König in Atlantis, Tübingen 1980.
Wendt, Victor	Das Geheimnis der Hyperboreer, Basel 1984.
Zschätsch, Carl	Atlantis, die Urheimat der Arier, Berlin 1922.

Anmerkungen und Zitate

1 J. W. von Goethe, Die Externsteine (1824). In: Goethes Sämtliche Werke in 45 Bänden, hg. v. Franz Schulz, Band 34, S. 298-301. Zitat S. 298.

2 Zt. nach J. Mundhenk, Forschungen zur Geschichte der Externsteine II, Lemgo 1980, S. 158,ff.

3 W. Golther, Handbuch der germanischen Mythologie (1908), Lizenzausg. o. J., S. 200.

4 Die Edda, die ältere und jüngere. Übers. Karl Simrock, Stuttgart 1855, S. 278.

5 O. Höfler, Siegfried, Arminius und die Symbolik, Heidelberg 1961, S. 107/8.

6 Zt. n. B. Verhagen, Götter Kulte und Bräuche der Nordgermanen, Herrsching 1986, S. 133/4.

7 Zt. n. Otto Holzapfel, Lexikon der abendländischen Mythologie, Freiburg 1993, S. 30.

8 Jens Möller, Geomantie in Mitteleuropa, Freiburg 1988, S. 29/30.

9 Die Edda. Übertr. v. Felix Genzmer, Köln 1981, S. 164.

10 Platon, Sämtliche Werke, Band 5, Hamburg 1989, S. 163 [*Timaios* 40c].

11 Platon, ebenda S. 229 [*Kritias* 119d].

12 Zt. nach Fernand Niel, Auf den Spuren der Großen Steine, Herrsching 1989, S. 50.

13 Zt. nach B. Verhagen, S. 33.

14 J. W. Hauer, Urkunden und Gestalten der deutsch-germanischen Glaubensgeschichte, 1940, S. 183.

15 Zt. nach Marion Giebel, Das Geheimnis der Mysterien, Zürich-München 1990, S. 38.

16 Die Edda, übers. v. Felix Genzmer, S. 46 [*Grminismal* 22].

17 Vgl. Jean-Jacques Hatt, Eine Interpretation der Bilder und Szenen auf dem Silberkessel von Gundestrup. In: Die Kelten in Mitteleuropa, Salzburg 1980, S. 68-75.

18 Zt. nach A. Kokaly, Einführung in das Implosionsgeschehen, S. 16 / 17.

19 Walter Eichin / Andreas Bohnert, Das Belchen-System. In: Das Markgräflerland – Beiträge zu seiner Geschichte und Kultur, Heft 2 / 1985.

20 Zt. nach G. Tiggelkamp, Die Externsteine im Teutoburger Wald, o. J., S. 21.

21 Sigrid Neubert, Die Tempel von Malta. Das Mysterium der Megalithbauten. Text von Sibylle von Reden, Bergisch-Gladbach 1988, S. 18-19.

22 Zt. nach W. Matthes, Corvey und die Externsteine, Stuttgart 1982, S. 159.

23 Zt. nach W. Hauer, Urkunden und Gestalten, S. 334.

24 B. Verhagen, Götter ... der Nordgermanen, S. 31.

25 Die Edda, übers. v. Felix Genzmer, S. 28 [Völuspa 13].

[26] Die Bhagavad Gita oder Das Hohe Lied, übertr. v. Franz Hartmann, München / Calw o. J., S. 113-114.

[27] Holger Kallweit, Traumzeit und innerer Raum, München 1984, S. 213-216.

[28] Zt. nach J. Spanuth, Die Atlanter, Tübingen 1985, S. 145.

[29] Ebenda.

[30] Tacitus, Germania, Cap. VIII.

[31] Tacitus, Historien, 4.65.

[32] Francoise Le Roux / Christian-J. Guyonvarc'h, Die Druiden, Engerda 1996, S. 589.

[33] Zt. nach J. Mundhenk, Forschungen, Bd. II, S. 137.

[34] Jakob Grimm, Deutsche Mythologie, Neudr. Wiesbaden 1992, S. 241.

[35] Ebenda, S. 241.

[36] Zt. nach Hans Philipp, Vor- und Frühgeschichte des Nordens und des Mittelmeerraumes, Berlin 1937, S. 302.

[37] Ebenda, S. 308.

[38] Rudolph Wahl, Karl der Große, Frankfurt 1954, S. 49.

[39] Ebenda, S. 55.

[40] Ebenda, S. 76.

[41] Ebenda, S. 48.

[42] Edgar Dacque, Urwelt Sage und Menschheit, München / Berlin 1928, S. 61-62.

[43] Ebenda, S. 97.

[44] J. v. Buttlar, Zeitriss, Augsburg 2002, S. 213.

[45] Marcel F. Homet, Die Söhne der Sonne, Frankfurt 1990, S. 165.

[46] Zt. nach Viktor Wendt, Das Geheimnis der Hyperboreer, Basel 1984, S. 30.

[47] Zt. nach Dieter Vollmer, Sonnenspiegel, Rotenburg / Wümme 1983, S. 393.

[48] Zt. nach Jean Markale, Die Druiden, S. 61.

[49] B. Verhagen, ebd. S. 133.

[50] Ebenda.

[51] Ebenda, S. 134.

[52] Ebenda, S. 131.

[53] Ebenda, S. 218/19.

[54] Zt. nach F. Le Roux / Ch. Guyonvarc'h, Die Druiden, Engerda 1996, S. 388.

[55] Ebenda, S. 390.

[56] Hesiod, Sämtliche Werke, Leipzig 1965, S. 58.

[57] Zt. nach D. J. van Bemmelen, Zarathsutra, Stuttgart 1975, S. 24.

[58] Ebenda, S. 34 / 35.

[59] Zt. nach W. Hauer, Urkunden und Gestalten der Germanisch-Deutschen Glaubensgeschichte, Stuttgart 1940, S. 334.

[60] Zt. nach Britta Verhagen, Götter Kulte und Bräuche der Nordgermanen, Tübingen 1993, S. 220.

[61] Hesiod, Theogonie. Zt. nach Verhagen S. 180.

[62] Zt. nach F. Niel, Auf den Spuren der Großen Steine, Herrsching 1989, S. 50.

[63] Popol Vuh. Das Buch des Rates. Übersetzung von Wolfgang Cordan, 4. Aufl. Köln 1984, S. 111.

[64] Ebenda, S. 116.

[65] Ebenda., S. 117.

[66] Adrian Gilbert / Maurice Cotterell, Die Prophezeiungen der Maya, Düsseldorf 2000, S. 249.

[67] Jacques de Mahieu, Die Erben Trojas, Tübingen 1982, S. 70.

[68] Gilbert / Cotterell, ebd. S. 190.

[69] Edwin Bernbaum, Der Weg nach Shambhala, Freiburg 1995, S. 42.

[70] Zt. nach Alec Maclellan, Die verlorene Welt von Agharti, Rottenburg 2001, S. 230.

[71] H. P. Blavatsky, Die Geheimlehre, Band 2, Den Haag o. J., S. 819.

[72] Ebenda, S. 162.

[73] Zt, nach B. Verhagen, a.a.O., S. 174.

[74] Edouard Schuré, Die großen Eingeweihten, 19. Aufl. München 1989, S. 371.

Abbildungsverzeichnis

Titelbild: Der Grottenfelsen vom Wiembeketeich aus gesehen. Foto des Autors.

"Veleda, profetisa de los germanos"., CC BY 2.0, https:// commons. Wikimedia .org/w/index.php?curid=51651381

S. 64: Der Ort Osterholtz bei Horn – eine Kultstätte der Ostara? Tiggelkamp, S. 31.

S. 68: Die Schlachten im Lande der Cherusker. H. Phillip, Vor- und Frühgeschichte, S. 307.

S. 71: Der Sachsenfeldzug Karls des Großen. R. Wahl, Karl der Große, S. 51.

S. 79: "Höhlenleben zur älteren Steinzeit". Bearb. von O. Hauser; Farblith. nach Zeichnung von Carl Arriens (geb. 1869).Schulwandbild, undatiert. Quelle: akgimages.

S. 81: "Insula Atlantis" auf Athanasius Kirchers Weltkarte Mundus Subterraneus (1678). Quelle: Wikipedia Commons.

S. 84: Das Weltbild der Germanen zeigt Midgard als Insel mitten im Weltmeer – Atlantis! Quelle: Deutsche Götter- und Heldensagen, S. 43.

S. 85: Lage des Gondwanalandes während der Permzeit. Nördlich davon das Angaraland, dazwischen das alpin-himalayaische Meer. Quelle: E. Dacque, Urwelt Sage u. Menschheit, S. 152.

S. 86: Lage der Inselflächen nach dem Zerfall des Gondwanalandes am Ende der Kreidezeit. Quelle: E. Dacque, Urwelt Sage u. Menschheit, S. 153.

S. 89: Heinrich C. Berann, Panorama des Yellowstone von Norden aus gesehen. Quelle: Wikipedia Commons.

S. 90: Heinrich C. Berann, Panorama des North Cascades National Park. Quelle: Wikipedia Commons.

S. 91: Ionische Weltkarte (ca. 600 v. Chr.): sie zeigt die "Hyperboreer" am Polarkreis wohnend. Lexikon der Alten Welt, Bd. 2, Sp. 1497.

S. 93: Stonehenge. Quelle: Wikipedia Commons.

S. 97: Ahura Mazda. Quelle: Wikipedia Commons.

S. 100: Das Weltbild der Ägypter (um 1250 v. Chr.): Der Erdkreis ist in neun Bogen unterteilt; am Polarkreis stehen die "Säulen des Himmels". Quelle: J. Spanuth, Die Atlanter, S. 35.

S. 106: Shambhala. Quelle: Wikipedia Commons.

S. 113: Der Grottenfelsen, Frontalansicht. Foto des Autors.

Als Buchschmuck wurden gemeinfreie Bilder verwendet
Für alle Fotos des Autors gilt: Copyright © Manfred Ehmer

Über den Autor

Dr. phil. Manfred Ehmer hat sich als wissenschaftlicher Sach-
buchautor darum bemüht, die großen kulturgeschichtlichen
Zusammenhänge aufzuzeigen und die archaischen Weisheits-
lehren für unsere Zeit neu zu entdecken. Mit Werken wie DIE
WEISHEIT DES WESTENS, GAIA und HEILIGE BÄUME hat sich der
Autor als gründlicher Kenner der westlichen Mysterientradi-
tion erwiesen, mit DAS CORPUS HERMETICUM einen Grundtext
der spirituellen Philosophie vorgelegt. Daneben stehen lyri-
sche Nachdichtungen etwa des berühmten HYPERION von
John Keats oder des vedischen HYMNUS AN DIE MUTTER ERDE.
Über weitere Veröffentlichungen des Autors erfahren Sie auf
seiner Internetseite: www.manfred-ehmer.net